女性自我保护手册

送给女性的16堂自我安全防护课

壹心理 —— 著

中国妇女出版社

图书在版编目（CIP）数据

女性自我保护手册：送给女性的16堂自我安全防护课 / 壹心理著. -- 北京：中国妇女出版社，2021.8（2022.4 重印）
ISBN 978-7-5127-1998-9

Ⅰ.①女… Ⅱ.①壹… Ⅲ.①女性—生活—基本知识 Ⅳ.①C913.68

中国版本图书馆CIP数据核字（2021）第106811号

女性自我保护手册：送给女性的16堂自我安全防护课

作　　者：壹心理　著
责任编辑：王海峰
文字编辑：王　琳
封面设计：尚世视觉
责任印制：王卫东
出版发行：中国妇女出版社
地　　址：北京市东城区史家胡同甲24号　　邮政编码：100010
电　　话：（010）65133160（发行部）　　65133161（邮购）
网　　址：www. womenbooks. cn
法律顾问：北京市道可特律师事务所
经　　销：各地新华书店
印　　刷：三河市祥达印刷包装有限公司
开　　本：150×215　1/16
印　　张：18
字　　数：260千字
版　　次：2021年8月第1版
印　　次：2022年4月第2次
书　　号：ISBN 978-7-5127-1998-9
定　　价：69.80元

序

Preface

当看到这本书的书名《女性自我保护手册》时，我的第一反应是：这是一本给她们看的书。她们是谁？她们是软弱可欺、缺乏力量、没有能力、哭哭啼啼的女人，我可不是。我自认为坚强勇敢、能力出众、作风彪悍、不好欺负，我不需要保护。可看完这本书的内容后，我想说，这是我需要的，是我们需要的。

即便粗犷如我，也确确实实遭受过书中所讲述的几种伤害。只是我那时并不知道自己受到了伤害，所做的自我保护仅是出于本能的应激反应。这让我避开了大的伤害，但也遗患至今，有些伤痛甚至需要一生去疗愈。这本书既讲受到伤害怎么办，也告诉我们，有些约定俗成的或者“看起来都这样”的事情，其实是对我们女性的伤害。我们要学会甄别，然后学习如何应对。

这本书刚刚立项的时候，我有些想不通，为什么要专门写一本女性自我保护的书呢？可是仔细想想，实际生活中女性确确实实比男性更容易受到伤害。比如，感情中的PUA、职场中的性别歧视、霸凌尤其是校园霸凌、意外怀孕、家暴，等等。没有女人敢说，这辈子不会遭受其中一种或者几种伤害。

我的朋友H，看起来无懈可击。她毕业于985高校，进入国际知名企业工作，经过10多年的打拼，现在已经身居高位。然而，这样一个事业上的女强人跟我说，她非常难过，觉得自己病了——心里面病了。

我了解H，事业风光的背后，是不堪诉说的婚姻生活。她承担了家庭中的绝大多数花销，房、车甚至孩子的养育费用都是她主动承担。即便如此，她的老公对她仍是爱搭不理。婆婆则很像《知否？知否？应是绿肥红瘦》中淑兰的婆婆。H的婆婆和老公经常指责她没有好好照顾孩子，她也会深陷自责中。七八年的时间里，她没有得到任何来自婚姻关系的滋养。她找我诉说的时候，我感觉她像是一朵枯萎了的花。她不知道自己受到了伤害，只是抱怨“当初为什么会选择他”“他究竟是为了什么才会这样”。而老公和婆婆又会用“你眼里只有钱，天天挑刺儿”这种话让她觉得自己不应该反抗、不应该质疑。

我给H介绍了心理咨询师，并且把这本书的初稿给她看。一个受过良好教育的现代女性，职场上什么风雨没见过，可她看完后告诉我，要让女儿14岁就开始看这本书。

当H意识到自己经历的是“关系中的冷暴力”“精神PUA”之后，她很快就按照书稿中介绍的方法一步步脱离了困境。当然，女性自我保护不是一蹴而就的。有时候，方法是易得的，道理是易懂的，而真正难的是下定决心所需要的心力。

当今社会，婚姻、身份、年龄，不再束缚女性。女性与女性之间的欣赏与包容增多了，忌妒与评判越来越少。女性力量觉醒了！但这不意味着女性不会再受到伤害。与以往不同的是，我们虽然依然有可能会受到伤害，却不像以前的女性那样既不知道自己受到了伤害，受伤后也不知道该怎么办。这本书帮助我们甄别伤害、保护自己、大胆做自己。

希望你手边能有这本书，万一遇到事情，可以试着找出方法应对。我更希望你今后不必用到这本书，因为这意味着你没有受到任何伤害。

我是坐在广州飞往北京的航班上写的这篇文章。乘务员刚刚介绍了救生衣、氧气面罩的使用方法。这些物品是每一架飞机每一个座位都必须配备的。有，乘客就会安心。虽然我一年飞很多次，对救生物品的存放和使用已经烂熟于心，但我依然非常认真地听着乘务员的讲解。我知道，一旦遇到紧急情况，这些都是“武器”和“铠甲”。

这本书于女性而言，就像是飞机上的救生衣和氧气面罩，也是我们人生的“武器”和“铠甲”。用“武器”和“铠甲”保护好自己的健康和情绪，你的人生就赢了一大半。

曹洪雯

2021.6.15

目 录

Contents

第6课
女性遭遇冷暴力如何自救

第7课
女性遭遇家暴自救指南

第8课

安全分手，避免意外伤害

第9课

产后抑郁轻松自助指南

第10课
被出轨后，女性如何应对

第11课

安全离婚，远离风险隐患

第⑫课

女性如何应对跟踪骚扰

第⑬课

面对敏感拍摄，女性如何保护自己

第14课
性骚扰的防范和自救指南

第⑮课
关于性侵的女性自救指南

第⑯课
合理拒绝伴侣的性要求

书中案例涉及人物均为化名，请勿对号入座。

第 1 课

Lesson One

职场性别歧视与应对策略

本文作者：黄佳雨　蒋欣玥／专业指导：徐凯文

职场性别歧视就在我们身边

“每每看到‘仅限男性’的招聘条件，我都恨不得去做变性手术。”这虽然只是一句玩笑话，却从一个层面道尽了职场女性的辛酸。

智联招聘发布的某年度女性职场现状调研报告显示，职场女性整体收入低于男性22%，位居管理岗位的女性员工数量比男性少14.8%。其中，75.2%的被调查者表示，在自己所在的部门中，经理级别以上的员工大部分是男性。

职场性别歧视几乎影响着每一位职业女性——不管是正在求职的女性，还是在岗工作的女性，甚至失业和离退休的女性。这种状况会使在职场上本来已处于弱势的女性，不断地被剥夺发展、竞争的机会，甚至陷入不良循环之中。

常见的职场性别歧视现象

女性在职场上拼杀，好像总是需要“过五关斩六将”：从求职时的彷徨与无奈，到勤恳工作却时常遭遇冷眼；从怀孕期间战战兢兢、缺乏安全感，到在岗工作多年却晋升无望。职场女性似乎时时处处都身陷深不可见的歧视旋涡。

“女程序员？一听就不会写代码”

作为一名毕业于某知名大学计算机专业的女大学生，思语一直在选择少有人走的路。从小到大，其他女孩喜欢唱歌跳舞，她却对计算机十分痴迷。上大学时选择了计算机专业之后，她成为班里仅有的几名女生之一。虽然她大学期间学习勤勤恳恳，一点不比男同学差，然而在人才市场上，她却没有得到应有的公平对待。很多用人单位似乎忽略了“女程序员”群体的存在，偶尔招一两个女性也只是出于调节工作氛围的目的。

思语终于找到与自己专业对口的工作并准备大展宏图时，领导却总是将团队里难度最低的任务分配给她。几个月后，她的能力终于得到领导的认可，她开始有机会写一些有技术含量的代码。这时，领导及同事对她的评价变成了“没想到你的业务水平不错，在女生里算是比较好的了”。这句话表明，他们还是没把她和其他男同事放在同样的标准上进行比较。在这个行业，“女不如男”似乎早已成了一条铁律，深深地印在每一个从业者心中。

早在投出简历之前，女性就已经身处和男性截然不同的就业大环境，面临着完全不同的选择和机会。我们的印象里总有一些典型的“男性”职业和“女性”职业，比如所谓的“IT男”和“女护士”。不难发现，女性就业往往集中在技能要求低、工资薪金低、社会声望低的行业。

就算进入所谓的高薪行业，女性也会发现，男性通常拥有更多的话语权。从工作性质来看，女性在这些行业中一般主要从事与客服和财务有关的工作，而这些通常不是一个单位的核心业务。

“你单身吗？你打算什么时候结婚呀”

在某大型企业的招聘过程中，小雨一路披荆斩棘终于来到了最后一关。为了最后一次面试，她精心准备了半个月之久。然而，在面试现场，面试官似乎并不在乎她的专业水平如何，反而问了一大串与工作无关的问题：“你有男朋友吗？你打算什么时候结婚呀？你会不会喝酒？”这些问题让小雨很不舒服。她觉得自己没有得到应有的尊重。

事实上，在面对男性求职者和女性求职者时，很多用人单位为了追求利益最大化，常常更加青睐男性。由于相关法律规定不得性别歧视，很多用人单位并不会在招聘过程中对求职者的性别要求表现得过于直接、明显（比如只招男性、男性优先等），而是会将相关诉求通过更隐秘的方式表现出来，比如：

1.面试过程中对男性求职者更感兴趣；

2.面试过程中为不同性别的求职者设立不同的门槛，如问女性求职者具有一定难度的专业性问题或与工作无关的问题等；

3.在招聘时已有确定的男性候选人，但为了规避问题，在面试阶段仍然让女性候选人“参与竞争”；

4.在招聘过程中实行性别搭配，如某女性要想被录用，必须同时推荐适合入职的男性。

“长这么漂亮，谁知道她靠的是什么呀”

“部门一枝花”安妮工作5年了，凭着一身闯劲和不服输的精神，拿下了大大小小很多项目，其中不乏一些人人避之不及的“难搞项目”。然而，每当同事们提起她，第一句话总是“她是我们公司的门面”。此外，公司同事还经常传关于她的风凉话：“长这么漂亮，谁知道她靠的是什么呀。”

在职场，女性身上总是存在很多隐性的标签，怎么也摆脱不掉。比如：

1.女性和男性不一样；

2.长得漂亮的女性一定是花瓶；

3.女性过于情绪化，没有决断力和领导力，难担大任；

4.女性没有进取心、事业心，主要精力在家庭；

5.“男主外，女主内”；

6.女性的工作能力就是不如男性，这些复杂的任务还是交给男员工吧；

……

一次，一个名叫妮可·古柳奇的天文学教授在自媒体平台发布了一条消息，其中用到一个新词——hepeat。这个词的构成很简单，就是将he（男性代词“他”）和repeat（重复）组合在了一起。这个词是要告诉我们，在工作中，女性员工表达自己看法的时候很难得到重视，但男性员工以自己的名义表达了同样的看法，则会得到关注甚至好评。这条消息很快获得20多万网友点赞和6万多次转发。很多女网友表示，她们“每天都在遭受这些”或者“从小到大一直在遭遇这样的对待”。

当然，职场男性也会遭遇一些可能会约束他们的社会刻板印象，比如更应学会承担责任、更要学会独立等。但关于女性的社会刻板印象往往更多的是在提示她们不擅长某些事，甚至不属于职场——这个“男性专有领地”。

“家庭会分散你的工作精力，你少拿点钱很正常”

最近，雅慧遇到了一些她意料之外的尴尬。之前，她因为照顾孩子在家做了两年家庭主妇。现在，孩子大了，她准备回归职场。辞职之前，她是公司的中流砥柱，不仅业务能力好、抗压能力强，还善于沟通，是大家很喜欢的合作对象。

对于雅慧的回归，公司非常欢迎，却开出了一个条件——她的岗位工资应比正常岗位工资低30%。公司领导一致认为，雅慧有了孩子，肯定会因此牺牲一部分工作精力。雅慧无论怎么解释，如孩子已经上了幼儿园、有父母照看、自己不管加班还是出差都不会有问题等，都没有用。

公司人事部的同事这样劝雅慧：“这年头，已婚、带孩子的女性不好找工作。公司能继续要你，你要珍惜。”雅慧只好一边看着刚有了二胎的男同事拿着高薪、拼着事业，一边将苦水往肚子里咽。

这方面的歧视，不仅体现在工资上，还体现在其他方方面面。

“透明天花板”——女性职场晋升的重大阻碍

你遇到过“透明天花板”吗？在职场全力拼搏，却还是得不到升职的机会，这种情况你遇到过吗？明明看到了上升的空间、升职的机会，却总也摸不着，你有过这种感觉吗？

很多时候，因为工作能力得不到信任，女性很难获得重用。女性展现自己能力的机会也由此变得比较少，而接受培训的机会就更少了。

处在婚育阶段的女性，常常被动地失去晋升机会，甚至被恶意调岗。生产之后回归职场的女性，更是难以回归此前的职场上升之路。

此外，面对同样的晋升机会，相较于男性，女性更有可能成为最终被放弃的对象。

求职过程遭遇性别歧视如何应对

“招聘要求上赫然写着‘仅限男士’……”

“同一个岗位对女性的学历要求高于男性。”

“面试的时候，自我介绍环节之后，面试官得知我已婚未育，直接拒绝了我。”

“我去参加复试时，面试官当场给了会录用我的口头承诺。但他们的高层领导看到我27岁单身未婚的个人情况时，放弃了我。”

“我毕业后去了一家在地产行业还算知名的企业。入职当天，我硬着头皮签了一份附加协议。这份协议的主要内容是入职后1年内不得生育，否则公司可无条件和我解约。”

求职过程中遭遇性别歧视该怎么办呢?

在心态上，求职时遇到性别歧视，不要因此对自己产生怀疑，一定要相信自己。你不是因为个人能力不好而被拒绝的。同时，请放宽心态。虽然以一己之力无法与现实抗衡，但你肯定有其他选择。

在行动上，在求职前，可以试着多了解一些行业或用人单位的背景信息。例如，可以通过招聘广告、管理层女性员工比例、企业文化与氛围、面试问题等，识别某些单位是否存在“性别歧视”，继而尽量选择注重性别平等的单位。

签订劳动合同时，一定要注意劳动合同的细节，尤其要注意“禁婚”“禁育”等条款。

被问到与婚姻、生育相关的问题时，可以勇敢地站出来告诉面试官：“这样的问题涉嫌性别歧视。”我国人社部、教育部等九部门曾在2019年印发相关通知，要求在招聘时“不得询问妇女婚育情况”。记住，情理和法律都站在你这边。

在职过程中遭遇性别歧视怎么办

如何应对称呼歧视

“有一次，我参加了一个会。会议上，所有有博士学位的男性都被称为‘××博士’或‘××教授’。我是唯一的女嘉宾，只是被介绍为‘××女士’。”

“我是出租车司机。经常有乘客一上车就对我说：‘你们马路杀手能不能少开车啊！’”

……

遭遇此类歧视，在心态上，要重视自己的感受。带有歧视意味的称呼本身确实是不合理、不公平的。很多人因为社会上存在对女性“本就应该谦虚低调”的刻板印象，而不给予女性应有的尊重。有人也想站出来反抗这样的不公平待遇，但会不由自主地感到紧张、害怕。实际上，面对这样的事情时，不要为别人找理由、找台阶，而应该为自己想要反抗的勇气鼓掌、加油。

在行动上，要学会表达自己的不满和诉求。假如你没有意识到这是一种歧视，很容易被欺负，甚至会把这种情况当作常态。如果你不站出来保护自己，那只能自己吃闷亏。遭遇不公平的指责和待遇时，一定要学会据理力争，为自己争取应得的利益和尊重。

如何应对态度歧视

“常有同事对我说，‘这份工作需要经常出差，真的不适合你’。”

“有一次领导跟我说，这个项目太辛苦了，不适合女生。之后，他就把我从项目组调离了。”

“这都干不好！你干脆辞职回家带孩子吧。”

……

女性常被认为过于感性、更需要被保护等，尤其是在以男性为主导的许多职场环境。这表面上看起来是对女性的一种爱护，然而这会让女性失去很多机会。当女性习惯被“照顾”，她们会更加缺乏自信，甚至在潜意识里认同外界对女性的消极评价，认为自己确实不抗压、能力弱。这种歧视最坏的影响是导致女性最终放弃成长。

从心态上来讲，很多时候，“歧视”也来自我们自己。如果你是对职场有野心的女性，请不要随波逐流。

当代女性的角色日益多元化。面对挑战，越来越多的职场女性愿意去尝试，敢于去争取机会表现自己。哪怕面临挫折，也不必过分焦虑，过早产生退缩、放弃的心理，而是要配合生育时间做好职业规划。

从行动上来讲，要不断提升自己，提升自己的业务能力、自信、抗压能力、耐心、韧性，提升自己控制情绪的能力和处理人际关系的能力，将自己的个人特色和女性优势更大程度地发挥出来。

如何应对待遇歧视

“领导得知我怀孕了，几天后就把我调到了一个边缘部门，同时给我降了工资。”

“我怀孕8个月时，公司以调整组织架构为由，给我降了工资。”

……

从心态上讲，出于保护自己的需要选择妥协，当然是可以理解的。但当你已经忍无可忍，那就无须再忍。不想妥协时，永远记得，你有选择的权利，也可以有保护自己的方法。

从行动上讲，可以详细记录你的遭遇，包括时间、地点、人物、事件以及可能的目击者。如果可能的话，可以让目击者留下他们看到或听到的证据。同时，保存好相关物证，比如入职证明、劳动合同、工资单、包含歧视信息的邮件和录音等。如果这样的事情不止发生在你一个人身上，请告知其他当事人做好相关记录。将一切记录和证据保存在家里或其他安全的地方。

遭遇歧视后，可以先考虑在单位内部解决。

首先，可以先研读单位内部的规章制度，搞清楚单位的行为或单位某些人的行为违反了哪些条款，更要搞清楚单位对于歧视投诉有无相关政策或规范程序。如果对规章制度有不明白的地方，可以寻求人事部门的帮助。

其次，如果单位有相应的投诉流程，按照流程进行；否则，可寻求相关人士（可以是你的直接上司，也可以是人事部门的同事）的帮助。在这个过程中，你最好能做好相关记录，比如，你所面临的问题、你希望如何解决、你是什么时候投诉的以及你所收到的回应等。

再次，如果可能的话，可以向专业人士或工会组织等寻求帮助。实际上，工会是很好的维权机构。如果相关事件在单位内部难以得到解决，你也可以向专业人士或相关机构寻求帮助。针对低收入群体，各地方工会也许会提供免费的法律援助。你还可以向各级妇联组织寻求帮助。有的妇联组织还会为有需要的妇女提供心理咨询。

最后，你还可以向专业律师寻求帮助，必要时可申请劳动仲裁或者向人民法院提起诉讼。

第 2 课

Lesson Two

常见社会霸凌及自助指南

本文作者：刘京文 / 专业指导：宋歌

什么是霸凌和基于性别的霸凌

当听到“霸凌”一词时，你首先联想到的是什么？旧社会的恶霸、校园里的小霸王、刻薄的上司，还是社交媒体上的网络水军？如果你曾经有过被霸凌的经历，那么你多多少少也体会过被霸凌的滋味。

基于目前国内外的相关研究，我们将从性别视角，具体讨论霸凌的类型、形式、影响，以及个体的自我应对策略。

几乎所有关于预防霸凌的研究都指出，家庭、学校和其他社会系统，以及相关法律、政策对于处理霸凌问题，扮演着关键角色。然而，能够帮助个体——特别是正面临霸凌风险或困境的人——有效应对霸凌的资源和方法却非常有限。

在本文中，我们将详细阐述霸凌的界定和类型，根据不同的情景来讨论霸凌的特征，进而给出合理的自助策略。

“霸凌”一词来自英文“bully”的音译，一般指人际关系中因为权利不平等导致的压迫态势。它以恃强凌弱的形式长期存在于各种社会关系中，常以攻击、辱骂、嘲讽和排挤等形式出现，也可能以性骚扰的形式出现。霸凌中的权利不平等，可能存在于身体层面，也可能存在于社会心理层面。

“基于性别的霸凌”或“对于女性的霸凌”通常指被霸凌者与霸凌者在性别存在权利差距的情况下发生的霸凌行为。对女性的霸凌与对女性的歧视和偏见有紧密的联系。

近年来，屡屡在新闻上出现的女性遭受霸凌的事件，都说明这样的情况普遍存在于日常生活中。

从性别及人类历史发展的维度来看，男性对女性的性别霸凌基于人类社会长期以来的父权文化。一般而言，男性在身体、心理和社会资源层面相对女性更占优势。男性对女性的霸凌，便存在于这样的权利不等的大环境中。

从女性作为被霸凌者的角度来看，霸凌可能来自任何人。广义上来说，父母、教师、伴侣以及任何人都有可能是性别霸凌情境的霸凌者。具体的霸凌行为包括家暴、体罚、语言暴力、性侵犯、性骚扰、人身攻击等。

霸凌行为基本可分为肢体霸凌、语言霸凌和精神霸凌三种。

肢体霸凌指有目的地以任何暴力的方式对被霸凌者在身体上施加伤害。

语言霸凌指故意通过语言的形式对被霸凌者施加伤害。

精神霸凌指以任何形式有意地在精神层面对被霸凌者施加压迫和折磨。

女性最常遭遇的社会霸凌有哪些

校园霸凌

近年来，随着有关校园霸凌的社会事件被频繁爆出，校园霸凌逐渐广受关注。

2019年，电影《少年的你》的上映让社会各界给予校园霸凌更多的关注。然而，你知道如何定义和界定校园霸凌吗？

首次将校园和霸凌结合为一个概念的人是挪威心理学家欧维斯。他将校园霸凌定义为：一个学生长时间地、反复地暴露于一个或多个学生主导的负面影响之下的现象。

可以这么理解，校园霸凌指发生在在校学生之间的带有显著压制性的凌辱行为。霸凌者通常具有重复施加伤害的行为特征，被霸凌者则具有重复被霸凌者伤害的特征。

简而言之，霸凌行为的特征至少应包括以下4点：

1.霸凌者的伤害行为是有意的；

2.被霸凌者感受到了伤害；

3.霸凌行为具有重复性；

4.霸凌事件的当事人之间存在权利不平等的情况。

校园霸凌的形式大概可以分为身体霸凌、精神霸凌以及衍生类霸凌等。

通过下表，我们可对校园霸凌有更深层次的认识。

表1：校园霸凌的形式

<table>
<tr><td rowspan="5">校园霸凌的主要形式</td><td rowspan="2">身体霸凌</td><td>掌掴</td></tr>
<tr><td>围殴</td></tr>
<tr><td rowspan="3">精神霸凌</td><td>辱骂</td></tr>
<tr><td>排挤</td></tr>
<tr><td>冷落</td></tr>
<tr><td rowspan="7">校园霸凌的衍生形式</td><td rowspan="4">性霸凌</td><td>猥亵</td></tr>
<tr><td>拍裸照</td></tr>
<tr><td>下药</td></tr>
<tr><td>性侮辱</td></tr>
<tr><td colspan="2">拍摄视频上传网络</td></tr>
<tr><td colspan="2">抢劫/索要财物</td></tr>
<tr><td colspan="2">虐待</td></tr>
</table>

研究发现，身体霸凌会连带产生精神霸凌。精神霸凌实际上是一种软暴力。

精神霸凌主要以谩骂、诋毁、藐视、嘲讽等语言暴力的形式出现，也包括恶意散布谣言等，对被霸凌者的身心会造成巨大伤害。

精神霸凌中的关系霸凌更加常见。关系霸凌以非直接冲突的形式出现，最常见的形式是对被霸凌者的孤立和排挤。关系霸凌往往发生在肢体冲突之前，是身体霸凌的先兆之一。

所谓衍生的霸凌行为，指霸凌者在完成既定霸凌行为后实施的与既定霸凌行为目的无关的霸凌行为。衍生的霸凌行为中，性霸凌和抢劫/索要财物均比较常见。

性霸凌指通过性骚扰和性侵犯等方式，侵害被霸凌者的身体权益和自由权益。事后，被霸凌者往往长期有相关困扰。

此外，有研究显示，女性中的性少数群体，经历霸凌尤其是性骚扰的风险更高，并且会产生更大程度的负面影响。

综上所述，校园霸凌行为是基于学生之间权利不平等的状况，发生的具有重复性和压迫性的行为，存在形式多种多样。

那么，我们如何评估自己是否经历了校园霸凌呢？请对照下面的清单回顾自己是否有这些经历。清单里的经历越多，霸凌的风险程度也就越高。

1.被起了侮辱性的外号。

2.经历了语言上的羞辱、辱骂。

3.因为外貌或其他身体特征原因被取笑。

4.因为性别、口音、家庭背景等原因被取笑。

5.被传播有关自己的流言/谎言。

6.班里发生事情，自己虽没有参与，但也会被诬陷参与了。

7.同学去老师那里打小报告，被安上莫须有的罪名。

8.一部分同学让其他同学不和我玩耍、说话。

9.被多数同学排挤。

10.物品被破坏或拿走。

11.被索要财物。

12.被要求（为对方）做不愿意做的事情。

13.从学校到家的路途中被骚扰。

14.被捉弄。

15.被殴打、扇耳光等。

职场霸凌

什么是职场霸凌？根据相关文献，一般来讲，职场霸凌指发生在职场的上级对下级的无端指责、谩骂，同事的排挤、孤立、语言威胁、当众侮辱、恶意中伤、性骚扰，以及上级利用职权对属下员工进行的报复性调岗（尤其是跨地区的调岗）、降职降薪、惩罚性罚款、扣发工资和奖金、打压、施压、劝退等行为。实施职场霸凌的可能是领导，也可能是同事。

在学术界，对于职场霸凌相对统一的定义是：一人或多人在系统内持续受到负面对待的情形，且在该情形下当事人难以做出反抗或防御。由此可见，职场霸凌具有一定的隐蔽性，且具有系统性的成因。

有相关新闻机构在网络上做过统计，近5年来，遭遇过职场霸凌的网友为66.3%。

职场中的上级一直以来都是职场霸凌的主角。因此，有人专门提出了“领导霸凌”的概念。

什么是领导霸凌？领导霸凌指的是领导通过自身的领导权力对下属实行的霸凌行为，具体包括语言攻击、身份贬低和性骚扰等形式。

早在1996年，挪威相关机构基于8000名在职员工的调查就显示，54%的职场霸凌的被霸凌者表示霸凌行为来自其领导。一项来自美国的研究也发现，89%的职场霸凌的实施者都是被霸凌者的直系领导。另有相关调查发现，约90%的职场霸凌行为发生在领导对下属的管理行为中。智联招聘某年度基于1万多名在职人员的调查显示，70%左右的人表示曾遭遇过“职场冷暴力”，其中3/4来自领导。由此可见，职场霸凌比较普遍，且与权利差距联系紧密。

女性群体相对于男性在性别维度上处于较弱势的位置。女性角色在社会化的过程中常常被冠以“安分”“顺从”的社会期待。因此，女性在职场上遭遇霸凌的风险更大。

网络霸凌

什么是网络霸凌？网络霸凌是指通过各种形式的网络媒介实施的霸凌行为。

最常见的网络霸凌是通过手机发送冒犯性的信息，以及利用互联网的形式传播关于被霸凌者的谣言或隐私信息。正如我们在网络上看到的一样，网友之间的语言霸凌几乎每天都在上演。

需要特别指出的是，网络上不乏“厌女”或对女性进行污名化的信息。更糟糕的是，经历家暴或者性侵犯的女性在网络上求助或被报道时，常常会遭遇二次创伤性伤害，比如网络污名化、恶评等。

网络技术的发展让信息传播变得更加迅捷。然而，由于匿名性、零门槛、瞬时性等特征，网络表达的负面效应同样饱受诟病。“羞辱文化”就是网络表达带来的一种文化病症。

网络放大了人性中的某些阴暗、猥琐的东西，同时无限助长了网络煽动、侵犯个人隐私和网络霸凌等乱象。

值得注意的是，研究发现，现实生活中的社会霸凌的受害者更可能成为网络霸凌的实施者，而现实生活中的霸凌行为的实施者更容易遭遇网络霸凌。

基于高中生的网络霸凌的相关研究发现，相较于女生，男生更可能成为网络霸凌的实施者。关于网络霸凌的相关性别维度的研究显示，女性遭遇网络霸凌后，所受伤害比遭受同样程度霸凌的男性所受的伤害大。

网络霸凌的匿名性与公开性，使其更容易给被霸凌者造成多方面的负面影响，如情绪不稳、低自尊、学校表现下降、物质成瘾、抑郁、自杀等。因此，学会应对网络霸凌十分重要。

过去的研究显示，应对网络霸凌最有效的策略是寻求帮助。有研究表明，女性以及愿意反思过去被霸凌的经历的人更倾向寻求帮助。此外，对被霸凌者而言，霸凌实施者的身份也会影响其寻求帮助的主动性、积极性。

研究发现，成功应对网络霸凌的一个特殊挑战在于，网络上的被霸凌者比现实生活中的被霸凌者更不愿意寻求帮助。对于这一现象，有专家认为，这和当事人的认知有关。经历过网络霸凌的受害者往往认为，这是自己的事情，应自己独立面对。这样的想法会阻碍受害者主动寻求帮助，从而使其受到霸凌困扰的概率加大。

由此可见，经历网络霸凌后，要主动寻求帮助。

其他类型的霸凌

除了校园、职场以及网络，其他场合也常发生针对女性的霸凌行为。

对于女性的暴力行为，不仅严重侵害了被霸凌者的身心健康和合法权益，也违反了相关法律。类似事件中的施暴者，往往有着仇视女性的病态心理。对于女性而言，学会应对社会环境中的各种霸凌风险，最大的挑战在于霸凌的不可预测性以及难以独自应对。这需要全社会共同参与创造性别平等的大环境，同时也需要提升公众的性别平等意识。

社会霸凌给女性造成的影响

无论是亲身经历霸凌事件的女性当事人，还是霸凌事件的女性旁观者，甚至整个女性群体，都会因针对女性的霸凌受到一定程度的负面影响。

社会霸凌对个体权利的侵犯

霸凌是一种将“权利差”作为武器的权利侵犯行为，会对受害者的自我权利产生一定程度的负面影响。因此，从防护和康复的角度出发，我们需要了解自己的权利具体指的是什么。

根据心理学家劳拉对个体权利的4个维度的划分，个体权利一般包括身体的权利、内在的权利、人际的权利和存在的权利。

身体的权利指我们和身体的连接感，感觉自己的身体是安全的，能接受自己的身体。

内在的权利指我们知道自己在想什么，能批判性思考，灵活但不盲从，有开放的姿态。

人际的权利指我们在人际关系中的能量，不带有想要控制的幻想，能原谅自己和他人，能恰当地自我保护，懂得灵活变通。

存在的权利指我们具备帮助应对挑战的认知系统，从而可产生幸福感和舒适感；能意识到自己继承的部分，以及文化环境整合到身份里的部分，从而更好地认识自我。

霸凌行为或多或少将会侵犯我们的个人权利，并且是不同维度的个人权利。

社会霸凌给个体带来的创伤反应

根据《精神障碍诊断与统计手册》（第5版）一书的观点，创伤后应激障碍（PTSD）指个体暴露于实际死亡、受到死亡威胁、遭受严重创伤、躯体完整性受到威胁后，延迟出现且持续存在的精神障碍。创伤的体验存在多样性。

从个体维度来讲，霸凌可能会侵犯个体身体的安全，让个体对自己的身体产生厌恶感；可能会使个体对自己内在的思绪或情感失去把控感和安全感；可能会导致个体对社交产生恐惧或无法把握健康的人际边界；可能会对自己的福祉和存在的意义感到困惑；等等。

例如，有研究发现，职场霸凌对个体的工作绩效有显著的负面影响；职场霸凌对当事人的心理和工作状态将形成相当程度的负面冲击，且容易导致慢性疾病的发生。

实际上，合理应对霸凌不仅仅是被霸凌者一个人的事，而且关系着我们每个人的生活。这需要我们共同去面对。

二次创伤

二次创伤指当事人在受到创伤后，因为种种原因，导致了比这种创伤更深层次的伤害。二次创伤常常源自文化环境对创伤的不敏感性，以及对于受创伤群体的偏见甚至污名。例如，经历校园霸凌的女孩常被周围的人嘲笑是咎由自取，分手后遭遇前任伴侣暴力伤害的女性在为自己发声后被指责为别有用心，被霸凌后出现心理问题的被霸凌者的精神问题常常被污名化，等等。

二次创伤带来的伤害不亚于创伤本身，并且可能会多次发生。对经历霸凌伤害的女性来说，不怀好意的指责与质疑，尤其是媒体失之偏颇的报道，都可能带来严重的二次伤害。

隐性创伤

创伤反应不一定总以显而易见的行为模式呈现。

隐性创伤指个体日常经历次临界的创伤性压力源（如刻板印象、压迫性语言等）之后产生的日渐增长的伤害。例如，在应对霸凌问题时，被霸凌者本身深感无助，当向他人寻求帮助时如果再被拒绝或怀疑，就有可能产生隐性创伤。

女性应对社会霸凌自助策略

关于霸凌的研究和抵制霸凌的呼吁一直有人在推进，但是面对霸凌时个体该如何应对，一直以来都缺乏实操意义上的策略与方法指导。

在此，我们给出一点建议。

学会辨识霸凌

“如何确定我正在遭遇的情境是或者不是霸凌？”这也许是很多人的心声。

如果你不确定自己当下是否正在遭遇霸凌，也不清楚该如何及时应对，你可以参考以下内容。

第一步：识别身体伤害

步骤1：是否有人打了你。

步骤2：是否有人侵犯你的私人空间。

步骤3：除了肢体上的伤害，你是否遭遇了其他形式的伤害。

步骤4：某人（某些人）的出现，是否会给你带来身体或心理上的不适。

第二步：识别精神伤害

步骤1：是否有人吼你。

步骤2：学会辨别建设性的建议和破坏性的批评。

步骤3：是否有人在别人面前传你的流言蜚语。

步骤4：是否有人批评你的性别或性少数群体的身份。

步骤5：是否有人在别人面前让你难堪。

步骤6：思考自己身处特定情景中的感受。

步骤7：是否存在有人故意促使你失败的情况。

步骤8：参考同事或朋友对于自己是否正在遭遇霸凌的看法。

第三步：获取帮助

步骤1：和老师（领导）沟通。

步骤2：寻求心理咨询师（治疗师）的帮助。

步骤3：和亲人、伴侣或其他亲近的人交流自己的感受。

应对霸凌的方法

首先，确认危险信号

辨识哪些人和场景是自己正在经历或可能经历的霸凌的危险因素。

其次，熟悉并整合可以保护自己的资源

根据霸凌的旁观者的行动逻辑和应对策略的研究，霸凌行为的旁观者很多时候并不仅仅是看客，其行为选择往往影响着霸凌事件能否发生以及如何发生。

旁观者基本可以被划分为协同者、助燃者、调停者、保护者和中立者5种。

一是协同者。他们事先并无准备参与霸凌事件，偶然碰到后，积极主动参与到冲突中来，通过实际的肢体行为帮助霸凌者一方欺负被霸凌者。他们即我们平常所说的“帮凶”。

二是助燃者。他们并未直接参与霸凌冲突，而是在霸凌事件发生时，进行围观，通过具有煽动性的语言和行为，怂恿霸凌者。他们即我们平常所说的“煽风点火者”。

三是调停者。他们在霸凌事件发生时，试图通过调解等方式化解双方的矛盾，以避免冲突进一步升级。他们即我们平常所说的“和事佬”。

四是保护者。他们是在霸凌事件发生时，能保护、安慰和支持被霸凌者的人。他们甚至会努力制止暴力行为的发生。

五是中立者。在霸凌事件发生过程中，他们扮演的是冷眼旁观、漠视霸凌行为、什么都不做的局外人角色。这些人的漠视，会使得霸凌者感觉不到罪恶感和来自周围人的道德谴责。

遭遇霸凌时，我们要尽可能及时判断周围人当下所扮演的角色，以分辨谁是调停者和保护者，并且及时向其寻求帮助。在求助的时候，我们要尽量避开协同者和助燃者。

最后，寻求社会支持

了解与霸凌相关的法律法规和政策，不仅有助于我们通过法律途径保护自己，还能让我们对霸凌行为有更清晰的判断与认识。例如，对于校园霸凌，教育部等几部门在2016年印发了《关于防治中小学生欺凌和暴力的指导意见》。通过了解这样的政策，我们将更加明确如何维护自己的合法权益。

如果你因为经历霸凌，在情绪或心理上产生了困扰，那么及时寻求心理帮助，或许能够为你争取获得改善的机会。

此外，面对霸凌带来的挑战，心理韧性、复原力也具有十分积极的意义。

如何应对校园霸凌

首先，我们进行一个自我练习。作为一名学生，当你遭遇校园霸凌时，你会采取以下哪种方式来应对呢？

1.寻求成年人的支持，如家长、老师等。

2.寻求同辈的支持，如同学、朋友等。

3.探索解决方法，比如，参考别人解决这个问题的方法，思考自己应如何解决这个问题，等等。

4.心理隔离，比如，假装没有发生等。

5.同化，比如，霸凌别人等。

6.屈服，比如，顺从霸凌者等。

7.漠不关心，比如，忽略霸凌事件和霸凌者的存在等。

8.逃离，比如，远离霸凌者等。

有研究发现，通常来讲，对校园霸凌中的受害者而言，应对校园霸凌最有效的方法是“与心理咨询师沟通”和“获得别人的支持”，而效果最差的方法是在心理上“认为自己也有错”和“期待奇迹的发生”。

另外，虽然“告诉别人”被视为最值得采取的策略之一，但是对于经历过多次或多种霸凌的受害者来说，“告诉别人”相当困难。

相对来讲，更为积极且有效的应对校园霸凌的策略是这样的。

一是聚焦问题的解决方案

1.以一种积极的方式，在这段经历中成长或改变自己。

2.从这段经历中积累对自己有益的经验。

3.制订行动计划，并且执行。

4.改变某些不好的事，让事情慢慢好转。

5.为自己的需求发声和行动。

6.不因为这样的经历而封闭自己。

7.有耐心一步一步地处理问题。

二是寻求社会性支持

1.接受来自别人的关心和理解。

2.勇于以合理的方式表达自己的情感。

3.向信任的人寻求建议，并采纳合理的建议。

4.跟别人一起寻求更多的解决方法。

5.向可以帮助你应对霸凌的人寻求帮助。

三是懂得心理自助

1.积极寻求心理上的帮助。

2.不把问题全部归结到自己身上。

3.相信自己，爱自己。

如何应对职场霸凌

一般来讲，要想很好地处理职场霸凌，可以采取以下几种措施。

一、收集证据

首先必须学会收集和保存证据。比如，书面材料、电子邮件、微信或QQ等即时沟通软件的对话记录（截图）、电话录音、现场录像、证人证言等。

二、向相关部门、单位、组织申诉

一般情况下，可以到用人单位的工会或者当地的总工会进行申诉，以寻求帮助。《中华人民共和国劳动法》第三十条规定：用人单位解除劳动合同，工会认为不适当的，有权提出意见。如果用人单位违反法律、法规或者劳动合同，工会有权要求重新处理；劳动者申请仲裁或者提起诉讼的，工会应当依法给予支持和帮助。

三、用法律武器捍卫自己的权益

如果不知道如何正确使用法律捍卫自己的权益，可先向相关专业人士进行咨询，以获得更专业的建议。法律咨询可以让我们了解我们的遭遇在法律层面的性质是怎样的。这样，我们才能更好地捍卫自己的权益。

如何应对网络霸凌

在社交媒体上经历网络霸凌，常常会让被霸凌者产生巨大的精神压力，乃至创伤后应激反应。

如何应对网络霸凌？我们可以从以下几方面做起。

一、利用网络平台的保护政策维权

针对网络霸凌层出不穷的状况，越来越多的网络平台陆续出台了更为严格的管制政策。若有人通过网络出言攻击、辱骂、威胁我们，或是传播关于我们的不实信息及隐私信息时，我们可以通过向相关网络平台举报的方式来保护自己的合法权益。

二、通过法律维权

遭遇网络霸凌时，我们也可以通过法律途径维护自己的合法权益。

三、寻求人际帮助

网络霸凌带给我们的困扰和伤害，往往会超出我们作为个体的承受能力。因此，寻求能让我们感受到支持的人际帮助，是十分有意义的。

当我们可以将自己的感受和经历在安全的关系里表达出来时，我们会发现我们并不是独自一人在面对这一切。

社会文化往往对于寻求帮助这一行为本身存在一定的污名化，特别是对于心理援助。这使得需要帮助的我们将会面对很多阻碍。我们迈出了寻求帮助的那一步，其实也就打破了社会环境带给我们的禁锢。

四、健康地隔离自己

健康的隔离指当我们察觉到不可控的伤害即将来临，或即将面临巨大的情绪困扰时，我们可以在心理上为自己创造一个可避开各种风险的相对安全的空间。比如，允许自己不用急着去解决当下的困扰；在个人层面，不去内化网络霸凌中的语言，即不往心里去；在物理层面，我们允许自己不那么频繁地去关注社交媒体上的信息，暂时性地与网络“断电”，以便让我们有空间去照顾自己；等等。

五、寻找有相似经历的人群，建立同盟

俗话说：“众人拾柴火焰高。”“团结就是力量。”霸凌常常带给人孤立无援的感觉。我们可以寻找和自己有相似经历的人群，以获得他们的经验与支持。在这样的群体中，我们可以成为彼此的倾听者和支持者，也可以交换彼此的应对策略与方法。

如何应对因被霸凌而产生的心理创伤

一、寻求心理援助

创伤反应是我们对于不正常遭遇的正常反应。不同的心理创伤具有其独特性和复杂性。如何应对心理创伤？我们可以向专业的心理咨询师以及社会工作者寻求专业的心理帮助。

在心理咨询或心理治疗过程中，我们可以与自己觉得匹配的咨询师，在安全的、具有支持性的空间为自己正确处理创伤寻求力量和方法。

二、培养心理韧性

什么是心理韧性？心理韧性是人在面对压力、创伤、困境或威胁时，能够进行良好的自我调适的能力。心理韧性的技术包含人能够在经历任何挫败时做好心理调适、恢复原始状态以及重启自我平衡的能力。

心理韧性是让我们即便身处困境仍可以至少从心理层面获得良好结果的心理机制。

心理韧性的培养是为了帮助我们更有效地利用有益的工具和支持资源。

心理韧性强的特质一般在压力情境中会有更好的体现，比如：能制订并执行切实可行的计划，具有有效的沟通和解决问题的技能，能有效地调节自己的情绪，懂得自我控制，对自己和自己的能力始终能保持乐观，懂得建立有意义的和具有支持性的关系，在压力中能做到自我关怀，等等。

可增进心理韧性的思维方式有：这很困难，但是我将会渡过难关；当这段艰难的经历结束时，我将会感觉很好；打不倒我的，反而能让我更强大；这也可以看作一段学习的历程；等等。

相反，会降低心理韧性的思维方式是：我为什么把自己弄到这种田地；如果我不能完美地解决问题，我宁愿选择放弃；这对我来说如此困难，我不属于这里；等等。

三、通过调动五种感官进行扎根，找回安全

你可以环顾四周，不间断地说出看到的颜色。

也可以环顾四周，不间断地说出看到的物品的名字。

你现在听到哪些声音？请说出它们的名称。

你现在闻到哪些气味？请描述这些气味。

还可以用手触摸身旁不同的物品，并描述它们的质感。

四、重新链接自己的本有权利——女性的练习清单

霸凌的经历可能让你不再能意识到本属于自己的权利，这份清单将帮助你提醒自己，下面的这些权利始终只属于你。

1.不去解释你的行为，是你的权利。

2.改变主意，是你的权利。

3.是人都会犯错，你也有权利犯错并对其负责。

4.你有做不符合逻辑的选择的权利。

5.回答“不知道”，是你的权利。

6.你有权利说“不”。

7.你有权利花时间慢慢应对。

8.你有权利独立。

9.不做能力之外的事，是你的权利。

10.你有权利不同意任何人的观点、意见。

11.你有权利去感受或不感受你的情感。

12.你有权利去询问。

13.你有权利保持沉默。

14.要求被尊重，是你的权利。

15.表达自己的需求，是你的权利。

16.追求自己的理想、生活方式，是你的权利。

17.对自我感到满意，是你的权利。

第3课

Lesson Three

不要在亲密关系中过度讨好对方

本文作者：蒋冬冬 / 专业指导：徐凯文

可以讨好，但不可以过度讨好

小标和小双恋爱5年了。小标下班晚，小双常常要等他到夜里10点。小双不爱吃草莓的尾部，小标每次都会等小双吃完草莓的前半部分后，解决掉剩下的草莓。久而久之，这些都成了他们的默契。通过这些小事，两人感情不断升温。

橙橙和黄黄相恋1年。在这段关系中，橙橙觉得自己很卑微，基本每天都会按照黄黄的要求行事。有一天，她终于受不了了："在恋爱中，我一直在努力取悦我的男朋友。我没有了自我，也没有了做人的底线。只要他开心，我可以去做一切，可他还是不满意。我的每段感情好像都是如此，我不知道问题到底出在哪里……"

正常的亲密关系里存在讨好行为吗？一定是存在的。

正如小标和小双那样，在亲密关系中，有时候为了满足对方的需求，我们会主动退一步，目的是获得稳定而甜蜜的关系。

一般而言，讨好有两个目的：一是单纯地为了迎合别人，二是为了取得某种好的结果。可见，讨好行为是具有顺从性质的，往往是因为想获得一些好的效果。比如，得到安全感、稳定的关系、别人的认可和爱等。这对讨好者而言是有益的。

想让对方快乐、顺从对方，本质上这并不是一件糟糕的事情。

但是，过度讨好会带来一些消极的影响。过度讨好者会不遗余力地让别人感觉更好，甚至不惜牺牲自己的自尊和心理健康。过度讨好者往往忽略了自身的痛苦，他们非常害怕对抗、失败或者被拒绝，因此总是强迫自己去讨好别人。

过度讨好和讨好还是有区别的。橙橙为了讨好黄黄，甚至失去了自我和做自己的底线，可最后不仅没有收获好的关系，还让自己陷入了痛苦之中。这就是过度讨好。在亲密关系中，过度讨好者更是不惜损害自己的利益，只为满足伴侣的需求。

美国临床心理学家布瑞克在《取悦症：不懂拒绝的老好人》一书中指出：有些人总把别人的需要摆在第一位，从来不会拒绝别人，甚至牺牲自己的健康和快乐来取悦他人。这是取悦症的典型表现。

因此，过度讨好指一个人在亲密关系中将伴侣的需求永远放在第一位，甚至不惜损害自己的利益来满足对方的需求。而且，过度讨好者一直以弱者的姿态出现。过度讨好本质上会导致关系失衡。过度讨好者会因此失去自我。

布瑞克之前就在自己的著作《E型女人》中讨论过女性的“取悦”人格，她用“E型”（a woman wants to be everything to everyone）来指代“只为别人着想，甚至不惜为此牺牲自我和快乐”的人格特质。这种人格特质在女性身上尤为常见。

习惯于过度讨好的人的特征

“我爱你”是他们的潜台词

在亲密关系中，过度讨好者总是将时间、精力、金钱和爱全部奉献给伴侣，毫无保留。但是，在亲密关系里越久，我们越有可能发现：其实我们最需要面对的仍然是自己，爱他人只是我们爱自己的能力的一种延伸。

有人说：“不是说和喜欢的人谈恋爱会很幸福吗？为什么我一点都没有感觉到呢？而且，很多时候我真的感觉挺累的。”

也有人说：“我在他面前好像没有任何底线。有时候他想亲热，我再不舒服也会答应。我喜欢长发。有一天他说我留短发好看，我就把留了好多年的长发剪掉了。”

还有人说：“他总是嫌我胖、不好看。我为了他节食一个星期，后来被送进了医院。可是，他都没来看过我。最后，我们分手了。”

这些人往往会给自己的行为找一个理由——“我爱你”。其实，很多时候，过度讨好者都错误地解读了“我爱你”这三个字。

如何解读“我爱你”这三个字？那就是：“我爱你”=“我爱”+“爱你”。

“我爱”强调的是一个人拥有自爱的能力，比如我想爱、我要爱、我有能力爱；“爱你”则强调的是一个人爱人的能力，侧重点在“你”，比如，用“你”喜欢的方式来满足“你”的需求。爱本身就是回报，不带有其他的功利目的。

“我爱你”这三个字或许比世界上任何一句话都更容易被误解。这也许跟我们所爱的这个人的真实性有关，也许跟诉说者自身的需求和愿望有关。

过度讨好者总是把握不好这个平衡，常常将“爱你”凌驾于“我爱”之上，甚至忽略“爱己”。

试想一下，如果一个人对你说“我爱你”的时候，你怎么想？会是“我有一个爱人了”，还是“我有一个可以照顾我的人了”？是“我有一个可以珍惜的人了”，还是“我有一个会珍惜我的人了”？

基于此，我们需要思考两件事：一是对方有没有足够的爱的动力，二是对方有没有爱的能力。

几乎不会说“不”

不懂拒绝是过度讨好者的最大软肋。

过度讨好者往往具有一系列的特殊思维，比如：“我应该让所有人满意”；“我应该为周围的每一个人考虑，不管他们是否有求于我”；“我应该坚持先人后己的行为准则”；“我不应该拒绝任何人”；等等。他们的心里始终有一个标准——“好”，即来自别人的评价。

布瑞克在《取悦症：不懂拒绝的老好人》一书中是这样定义“老好人”的：他们渴望得到别人的赞美；哪怕别人的要求完全不合理，他们也从来不会拒绝别人；如果别人不喜欢他们，他们会陷入焦虑；等等。

这样看来，过度讨好者因为害怕对抗、害怕被批评、害怕被孤立、害怕被抛弃、害怕愤怒、害怕失败、害怕被拒绝……所以不得不强迫自己去帮助别人，善待别人，从而也就很难学会拒绝。

A女士谈过很多次恋爱，但每次均以失败告终，因此一直没有结婚。在亲密关系中，她会不由自主地开启过度讨好对方的模式，总是想尽办法让对方开心，从来不拒绝对方的任何要求。奇怪的是，她的讨好并没有换来稳定的亲密关系。

B女士习惯顺从伴侣的所有意愿。她觉得只有不惜一切代价地对对方好，才有资格拥有一段感情。她就这样渐渐变得没有了主见。在每一段亲密关系中，她都将自己的幸福建立在伴侣高兴的基础上。而她的每一任伴侣慢慢地将这一切视为理所当然之后，最终都因为她不够独立而离开了她。

在亲密关系中，过度讨好者总是付出，从不考虑得到。奇怪的是，被讨好者总是对此避之不及。

在过度讨好者的价值观里，别人的要求就应该得到满足，被他人需要更是一件好的事情。是的！处处帮助他人、满足他人的需求应该是一件令人愉悦的事情。然而，本应该是令人愉悦的事情为什么带给人的总是痛苦呢？

这是因为在过度讨好者的认知里，在“我应该……”的背后是“别人应该……”。比如：“他应该感激我、喜欢我，毕竟我为他做了这么多”；“他应该认可我、永远地爱我，因为我一直在讨他欢心”；“他应该不会伤害和亏待我，因为我对他这样好”；

“他应该不会抛弃我，因为他离不开我”；等等。

是的，问题就出在这里。一般而言，过度讨好者的讨好行为会让伴侣觉得一切理应如此。那么，“你也应该这么对我”就不会发生了。这便是过度讨好者痛苦的根源。

失衡关系中的弱者

过度讨好最终会使关系的天平发生倾斜。

相关研究发现，在亲密关系中，感情投入较少的一方对关系拥有更大的掌控权。这就是所谓的较少兴趣原则。在亲密关系中，伴侣对于感情的掌控权，指他控制你所期待的一切的能力。比如，你越想得到他的爱，他就越容易掌控你。

过度讨好可让亲密关系的双方的权利发生变化。

要知道，被讨好者通常是不会告诉讨好者他们需要什么的。过度讨好者会对被讨好者言听计从，而不是正确地审视双方的关系。久而久之，亲密关系的双方的权利便不再平等。讨好者必将变成弱势的一方，同时在内心会积攒潜在的怨恨。

一个刚刚离婚的女性这样描述自己的遭遇：“我非常爱我的丈夫，对他言听计从。我的丈夫很会支使我，什么都让我做。我很爱他，我离不开他，所以我总是按照他的话去做。我觉得我活得好卑微。但就算我在他面前这么卑微，他还是跟我离婚了。”

畅销全球的心理学著作《亲密关系》这样评价亲密关系中的权利不平等问题：在亲密关系中，权利不平等时便会出现控制。个人对伴侣的控制可以分为命运控制和行为控制。命运控制指个体完全可能决定伴侣所得到的关系的结果，以此来控制伴侣的命运；行为控制指个体通过改变自己的行为来改变伴侣的行为。

伴侣双方通常都能在一定程度上控制对方的行为。

但是，强者永远胜过弱者。弱者常常会向强者过度解释或者证明自己，以获得强者的认可、赞赏和肯定。在亲密关系中，被讨好者经常扮演强者的角色，而过度讨好者则是相对弱势的一方。

一个人无论是主动成为“强势一方”，还是“弱势一方”，都会导致亲密关系中的权利不平衡。这与个人的人格特质也是有关系的，比如低自尊、高依赖、害怕被抛弃的人，经常会做出讨好的姿态主动成为弱势一方。不难发现，过度讨好者常常会和控制欲较强的人建立亲密关系。

对过度讨好的可能性解释

依恋理论

依恋，是一个主动的过程。为了降低焦虑，我们常常会选择主动依恋某个人，以寻求一种情有所属的感觉。

依恋理论是英国精神分析师约翰·鲍比最早提出的。一个人在婴儿时期的依恋类型会直接影响其成年后的依恋表征。也就是说，依恋是具有稳定性的。在鲍比的观点中，依恋是人基本的、天生的需求，如同人对食物和性的需求一样源于人类的生物性。

美国心理学家爱因斯沃斯用陌生情境测验，分析了幼儿和母亲分离与重聚后的反应。具体做法是，实验时将被测试的儿童与其母亲和一个陌生人以多种组合安排在实验室中游戏，然后观察儿童在不同情境下的情绪及行为反应，以确定儿童的依恋类型。

爱因斯沃斯以此提出了3种不同的亲子依恋类型，分别是安全型、回避型和矛盾型。

对于安全型依恋的孩子而言，他们虽然反对母亲的离开，但他们十分确信母亲会回到他们身边。所以，当母亲回来的时候，他们会非常兴奋地奔向母亲。

对于回避型依恋的孩子而言，他们对母亲的回应是没有信心的。他们不会寻找母亲，在母亲回来的时候也不会十分兴奋。他们表现得好像他们不需要母亲。

对于焦虑型依恋的孩子而言，他们对母亲的回应和关爱都十分不确定。当再次见到母亲时，他们表现得非常矛盾。他们靠近母亲时会表现得非常生气，但又会伸开手朝向母亲。他们内心渴望亲近母亲的愿望和对于亲近感的排斥在不断地做斗争。

回避型依恋和焦虑型依恋属于不安全依恋，意味着对亲密的回避，以及对被拒绝和被遗弃的焦虑。

过度讨好者的低自尊以及难以拒绝别人的人格特征，可能和心理依恋类型有关。

可以说，依恋理论在一定程度上解释了个体的亲密标准和期待从何而来。

童年期的依恋会影响一个人成年后亲密关系的建立以及社会功能和人格特质的形成。我们的很多行为是在家庭系统中习得的。很多时候，讨好他人是从讨好父母开始的。我们总是试图通过满足父母的需求来求得亲近，以获得更好的生存机会。

山山在亲密关系中是个“满分”妻子，于个人而言却不是一个“完整”的自己。她为照顾家庭放弃了工作，每日忙碌于照顾丈夫、孩子和公婆日常起居，渐渐地失去了自我。她越来越不知道自己生存在世上的意义是什么，日常生活中总是一味地讨好别人。她害怕家里人对她有一丝一毫的不满意，所以总是强迫自己做个完美的人。她总是对自己说，真的好累。实际上，从很小的时候起，她每天就要投入大量的精力来照顾抑郁的母亲和暴躁的父亲。通过照顾父母，她得到了很多人的关注和认可。

山山这样的人在生活中比比皆是。过度讨好者总是认为，只有当一个“好孩子”，把全部注意力放在满足母亲和父亲的情感需求上，才能得到认可。当一切成为理所应当，他们真实的情感和行为是不被鼓励的，他们经常被告知要时常“面带微笑”。

自小没有形成完全的心理依恋的孩子总认为，获得认可的唯一途径就是取悦父母。到了成年期，为了获得他人的爱和认可，过度讨好者往往倾向于为任何问题承担责任，而他们真实的需求因此就被压抑或忽视了。

相互依赖理论

《亲密关系》一书在谈到相互依赖理论时，是这样讲的：人们像购物一样在人际商厦里浏览着，只为寻找最合意的“商品”。我们总是想用最小的代价来换取最大的利益。相应地，我们只想与能够为我们提供足够利益的伴侣建立亲密关系。

该理论强调，权利建立在对有价值资源的绝对控制的基础上。比如，我控制了你想拥有的事物，你可能就会心甘情愿地服从我的命令，只为获得你想拥有的事物。这样，我相对地拥有更大权利。

相互依赖理论本质上也属于社会交换理论。在社会交换的过程中，有几个核心要素至关重要，它们是结果、比较水平和替代的比较水平。

结果指净盈亏，用公式表示就是“结果=奖赏−代价”。于亲密关系而言，结果指和伴侣在一起时的愉悦感或困扰。这基于两个标准：一个是我们的期望，另一个是“如果没有现在的伴侣，我们会怎么样”。

比较水平指我们认为自己在与伴侣的交往中“应当得到的结果”，用公式表示就是“比较水平=结果−满意度”。具体来说，如果结果超过比较水平，我们就会感到幸福。这取决于结果超越期望的程度。

替代的比较水平用来评价我们在其他的亲密关系中是否会更好，具体来讲指如果我们抛弃目前的亲密关系，选择可以得到的、最好的、作为替代的亲密关系所能得到的结果，用公式表示就是“替代的比较水平=结果−依赖度”。具体来说，如果当前的结果好于从别人那里能得到的结果，我们就会依赖现在的伴侣，不太可能会离开；反之，则会倾向于离开当前的伴侣。

设想一下，你找到了一段完美的亲密关系。

你的伴侣有爱心、帅气、聪明，有一份高薪的工作，有很好的厨艺，而且还会按摩。他提供给你的关系完全超出了你的期待。每晚，你回到家的时候，他都会在门口迎接你，为你按摩、揉脚，还会为你准备精美的食物。你会感到满意吗？当然！

你连续几个月甚至几年都在享受这种幸福。接下来，可能会出现什么情况呢？

也许，某天，你的爱人因为交通拥堵而没有及时回家，或是到外地出差了。没有了温柔的按摩和精美的食物，你可能会想："嘿，我的按摩呢？我的美食呢？"你在期望这些美好的待遇，这说明你的比较水平提高了。当你的比较水平提高之后，如果你和伴侣的关系的结果维持不变，你的满意度就会下降。

也就是说，一旦你习惯了完美的伴侣，你就会发现你从他那里得到的愉悦会越来越少。

这和过度讨好现象十分类似。当过度讨好者一直无条件满足伴侣的要求时，伴侣的期望值就会提高。同时，其比较水平也会提高，而满意度自然而然就会下降。

过度讨好的代价就是导致亲密关系双方权利的不平衡，即亲密关系双方的权利不再对等。根据最少兴趣原则，在亲密关系中投入较少的一方将更有权利。

公平理论

公平理论是社会交换理论的延续。该理论的核心是，只有在相对公平的前提下，亲密关系才可能令人满意。也就是说，人们只有觉得自己在关系中既没有多得也没有少得的时候，对当前的关系才可能感到满意。相对公平的意思是，亲密关系中的双方贡献多少得到多少。这样的亲密关系才可能是公平的。

在亲密关系中，如果一方“过度获益”，即得到的满意结果超出其应该得到的，而另一方“获益不足”，即得到的比应该得到的少，这会有什么影响呢？

从相互依赖理论的角度看，只要亲密关系发展顺利，即使现实如此也没有太大的影响，但从公平理论的角度来看却并非如此。

有研究表明，90%的女性和87%的男性认为，亲密关系的双方应该有“完全平等的话语权”。

根据公平理论，在不公平的亲密关系中，亲密关系的双方都是紧张的。为什么“获益不足”的一方会感到痛苦？因为他们感觉到了被欺骗和剥削，因而会深感愤怒甚至心生怨恨。而“获益过多”的一方则收获颇丰，同时可能因此有一定程度的歉疚感或一定程度的自大感。

萍萍结婚多年，在家里她付出最多。她包揽了家里所有的家务以及孩子的学习辅导。萍萍的丈夫只负责在外挣钱，他觉得这一切都是理所当然的。萍萍心里有很多委屈，但无处发泄。

《亲密关系》一书讲道，在家务劳动的分配和如何照顾小孩这两个敏感且关键的问题上，保证公平是明智之举。有研究表明，如果这些事情夫妻双方能平均分担，夫妻双方往往都会对婚姻关系十分满意，更容易互相欣赏。不幸的是，已婚女性普遍在家务的分配上很难得到公平对待，更别提不懂拒绝的过度讨好者了。这种不公平会给亲密关系造成相当大的阻碍，故而亲密关系的双方很可能走向决裂。

亲密关系通关指南——从认知上远离过度讨好

把“爱你”变成“我爱你”

爱与被爱都是一种能力，两者只有相互作用才有助于良性亲密关系的维持。爱是相互的，你多爱对方，取决于你多爱自己。

当两个人在互相告白的时候，双方语言中所表达的含义可能有很多。许多时候，我们对他人的爱是有条件的："只有你……了，我才会爱你。"

当"我爱你"被理解成"你是我的'长期饭票'"时，那根本就不是爱。亲密关系本身就是回报，不应该再有额外的功利目的。

"我和你在一起，不是因为我需要你。我的生命已然完整了，我可以照顾好自己。我的生活可以过得很有意义。当然，因为你的陪伴，我的生活会变得更加精彩。我和你在一起，只是因为我爱你。我爱你，因为你是你自己。"我们要带着这样的信念进入亲密关系。

把"应该"变成"可以"

学会说"不"。有"no"有"yes"的关系才能长久维系。一个人要想心理健康、行为合乎常理，就必须有一定的"健康界线"。

每个人都生活在身体、感情和思想的健康界线之内。这个界线可以帮助我们做任何判断以及相关决定，比如：谁可以接纳，可以接纳到什么程度；为谁可以付出什么，可付出到什么程度；等等。人的负面感觉一般也是由这种界线意识所决定的。

试想，如果我们把自己观念中的“应该”变成“可以”，会发生什么？

“我应该做这些家务。”“我可以做这些家务。”

“他应该对我好。”“他可以对我好。”

听起来是不是不一样了呢？你对对方的期待是否也有变化了呢？本质上讲，“应该”是没完没了的。“应该”很有可能变成一个牢笼，将我们困住。所以，不妨借助“可以”的力量来学会拒绝。

把“过度讨好”变成“适度依赖”

适度依赖才是亲密关系的催化剂，过度讨好只能让关系失衡。平等的关系，本身是需要相互依赖和依恋的。在亲密关系中，强弱搭配的系统往往很难承受过度的压力。

安全型的人在亲密关系中将很舒适、很自在，他们的秘诀是：“伴侣需要的是我的关心和支持。我乐于接纳伴侣对我的依赖。”同时，他们知道自己是独立的，不会过分担心伴侣会离开自己，也不会刻意做出讨好的样子来挽留对方。

也就是说，他们享受依赖伴侣的感觉，同时也接纳伴侣的依赖。

“我不担心被你抛弃，因为我相信你会回来。我对我们的感情抱有足够的信心，所以我不会通过讨好来留住你。爱不容强留。”我们在亲密关系中应有这样的信念。

从行动上改变过度讨好

除了在思维上进行转变，我们更要在行动上做出改变。

你的男友曾提出过让你减肥的要求吗？你的男友经常不回你消息？你的男友是否曾单方面向你提出了分手？如果你是亲密关系中的那个过度讨好者，面对这些情况，你会怎么做？

基于这几个场景，我们来看一下，过度讨好者如何在行动上改变过度讨好的行为模式。

场景一：男友要求你减肥

	过度讨好者的做法	可尝试这样调整
观念	我很爱他。我应该为他减肥。他应该待我更好。	我爱他，但我也爱我自己。我可以为他减肥，但他不一定会因此改变对待我的方式。
行为	甘愿通过各种方式减肥，以留住男友。	结合自己的状态来确定是否需要减肥。如果不愿意，可以说〝不〞。

场景二：男友长时间不回你消息

	过度讨好者的做法	可尝试这样调整
观念	观点1：我这么爱他，他却没有理我。我不应该这时候打扰他，我不配。 观点2：我很需要他，没有他我会窒息。他应该及时回我消息，这才是他在乎我的表现。	我爱他，但我也爱我自己。他可能有事情在忙，他暂时不回我消息并不代表他不爱我。
行为	继续讨好。反复发消息。	做自己喜欢的事情，发展自己的兴趣和爱好来宠爱自己。

场景三：男友单方面要跟你分手

	过度讨好者的做法	可尝试这样调整
观念	我这么爱他，他不应该抛弃我。他怎么可以抛弃我，我为他付出了这么多。	我爱他，但我也爱我自己。我要问清楚他为什么要跟我分手。我也有决定权。他跟我分手，并不意味着我不优秀，可能只是因为我们不合适。
行为	乞求对方留下，百般示好只为不分手。	问清原因，互相尊重，很体面地分手。

最后，请你思考一下：如果有一天，你变成了被讨好的那个人，你的伴侣在全力讨好你，你希望他怎么做呢？

第4课

Lesson Four

防范PUA，远离精神控制

本文作者：向九如　胡英哲 / 专业指导：徐凯文

PUA是什么

小纯前不久刚刚失恋，很快在一个同城失恋疗愈互助小组认识了小P。她发现小P很懂自己的心思，很会说话，很能讨自己欢心。小P称自己正在创业。小P的微信朋友圈显示他每天不是在出差，就是在参加各种应酬。小纯觉得小P有能力又温柔，对他渐生好感。小P也不时对小纯说些暧昧的话，送小纯各种礼物，却迟迟不挑明关系。最后，小纯主动向小P告白。

之后，两人的关系进展得十分迅速。小纯怕小P不高兴，答应与小P发生关系并拍照留念的要求。就在小纯以为自己遇到真爱时，小P却对她越来越冷淡，总以工作太多为由回避小纯，很少回小纯信息，也不带她去见亲友。

小纯将自己的遭遇讲给了最好的朋友小红。小红告诉小纯："你可能被人PUA了。"

PUA，英文全称是pick-up artist，原意为"搭讪艺术家""恋爱大师"等，现在泛指通过使用各种技巧吸引异性，使异性对自己着迷的人及其相关行为。

也就是说，PUA本来的意思是指人们通过系统学习、实践不断提升自己的社交技巧和社会情商的行为。但是，现在PUA的本意被很多人大大曲解，以致其中掺杂了太多的情感欺骗和心理控制的元素。

在本文中，PUA主要指情感欺骗和心理控制。

深谙PUA的人是如何施展骗术的

深谙PUA的人施展骗术的手段一般是有迹可循的。他们的骗术通常包含下面几个特征。我们在人际交往中要加以注意，更要学会分辨。

首先，PUA式的沟通限于两人之间，且只限于面谈和网络会谈。你很难接触到对方真实的生活圈。例如，有些人有很多不同的社交账号，会为自己捏造不同的身份。当你提出想要拜访其亲友或者参观其上班的地方时，他们总是百般推辞。

其次，深谙PUA的人的手段并非对所有人都有效，但他们会“对症下药”。他们的目标通常是缺乏感情经历，或有爱情奇遇幻想，或内心孤独、渴望陪伴的女性。例如，上文中的小纯就是在

“同城失恋疗愈互助小组”中认识小P的。

再次，深谙PUA的人通常有高明的话术及交往策略，特别会“撩”人，从而与人建立关系。例如：不经意的肢体接触；冷读，即直接说出你性格的另一面，博取你的认同，以拉近心理距离；等等。对于冷读，常用的话术有“你看上去很活泼，其实你内心很孤独”，“你很豪爽，但也很容易因此给别人造成巨大的压力”……这些话看似基于细微观察，实则可以套用到大多数人身上。

最后，除了谈感情，深谙PUA的人还会收集目标女性的各种隐私信息，甚至拍下目标女性的隐私照片且美其名曰“爱的纪念”，以作为进一步实施控制和要挟的手段。

如何防范PUA

为了防范PUA，我们要十分警惕存在以下行为特征的人：

1.经常对女性说甜言蜜语，即使对于刚认识不久的女性也是如此；

2.经常主动发起话题，以吸引女性注意，但又总是点到为止；

3.十分看重女性的外表，且总是有意无意地对女性进行语言打压；

4.更喜欢身体接触和性，很少在意女性的感受，并且基本不会和女性有深层次精神交流；

5.微信朋友圈的信息给人一种事业有成、积极向上、正能量满满的感觉，而别人很难将其真人与朋友圈的信息一一对应上；

6.手机不离身，且有很多社交软件及社交账号。

如何更有效地鉴别和避免PUA

我们在前文介绍了什么是PUA以及其特征，这在一定程度上有助于女性在实际生活中识别PUA陷阱，但这还远远不够。女性还需加强在亲密关系中的自我保护意识，树立正确的感情观，并提升对亲密关系的状态的觉察能力，以不变应万变，才能真正帮助自己远离关系骗局。

在亲密关系中成功实现自我保护的7个关键点

一、肯定自我的价值

首先，我们要相信每个人都有自己的价值，都值得被爱。其次，我们要学会发现自己的价值，例如随时记录一天中令自己感到开心、有成就感和价值感的事件（无论大小）。最后，当觉察到自我评价偏低时要及时调整，例如，多想想自己已经达成的事情，不必苛求事事完美。我们一定要记住，只有肯定自我的价值，才能不被他人的评价所影响，才能真正享受亲密关系。

二、设定情感底线

设定情感底线指在一段关系开始前就想清楚哪些是可以做的，哪些是不能做的，哪些事可以容忍，哪些事不能接受。例如，初识阶段不能有过度亲密的肢体接触以及大额金钱往来等。底线是让你在关系中保持清醒的一把戒尺。真正尊重你、尊重关系的人，不会强迫你去突破自己的底线。

三、警惕快节奏

一段良性的亲密关系的建立过程一般是这样的：始于心动，慢慢发展至偶尔的约会、牵手，最后才是日益亲密的相处相伴。若中间的某一环节发展过快，你就要注意了。“一见钟情”“速定终身”听起来很美好，但现实中始于这样的亲密关系能够善终的例子少之又少。

四、学会自我暂停和反思

自我暂停是控制感情节奏，避免我们在情感中迷失自我的一个好方法。这种方法的重点在于，我们要适时地让自己从当前的关系中跳脱出来，以旁观者的角度审视目前的关系的进度和状态。例如，多给自己一点独处的时光，适当听取身边人的意见，等等。

五、警惕陌生环境遇到的陌生人

这并不是让我们拒绝一切偶遇，但一定不能毫无防备。

六、追求平等的地位

平等意味着亲密关系的双方能相互尊重。而且，双方的人格是独立的，谁也不是谁的附属品。

七、相信自己的直觉和第六感

当你在一段关系里感觉不快乐，或者不止一次有过不对劲的感觉，请别一味地为对方开脱，或认为自己神经敏感。请正视、相信自己的感受！

亲密关系中必须警惕的5个相处问题

当你在关系中感受到以下几种情况时，你就要特别注意了。很多时候，对方的某些行为之所以会让你别扭，并不是因为你过于敏感。也许，对方正在玩弄你的感情。

一、对方的态度总是暧昧不明

每次在你以为你们的关系已经渐渐明朗时，对方却刻意保持一定的距离；在你有些退缩时，对方又表现得特别主动、特别热情。

二、彼此基本没有共同的兴趣爱好

也许最开始你们的确是因为一些共同话题走到一起的，但渐渐地你会发现对方只是偶尔单纯地迎合你，本质上更喜欢谈论自己的兴趣爱好，更关注性。

三、对方经常提到金钱或向你暗示遇到困难急需用钱

比如，在你们的交谈中，涉及金钱的内容越来越多。对方不是资金流出现问题，就是家人、朋友出事了急需用钱。即使对方没有直接向你借钱，也会通过不断地表达他的焦虑和艰难暗暗向你施压。

四、亲密关系建立前后，对方对你的态度反差巨大

在亲密关系真正建立之前，对方对你无微不至、言辞温柔，但在亲密关系真正建立之后，对方却经常因各种小事打压你，并可能伴随突然消失、冷暴力等情况。

五、感觉总是被对方牵着走

比如，对方总是话题的主导者，你在回应对方的同时发现很难表达自己的意见，或者很难有机会说出自己内心真实的想法。

如果你在一段关系中觉察到了这些情况中的任何一种，请及时在心里对这段关系叫停。如果你已经受到伤害，请保留相关证据，并及时求助家人，甚至可以报警。

如何摆脱PUA

PUA对女性受害者会造成哪些影响

有研究表明，PUA主要的受害群体是女性。女性因PUA受到的伤害不仅包括身体上、物质上的损害，更包括精神上的伤害。

一、受害者人财两失

施行PUA行为的人的目的不是希望维持一段长期的、稳定的关系。掉入PUA陷阱的女性，往往会在被欺骗的情况下与对方发生性关系，期冀一份良缘却被“骗色”。更严重的是，有不少女性PUA受害者会遭遇各种严重的暴力伤害。与此同时，施害者还会等待时机，以资金周转等为由，施行“骗财”的行为。

二、个人隐私被泄露

被泄露的隐私不仅包括个人身份信息，还可能包括私密的照片。这将给受害者的名誉和人身带来严重的安全隐患。受害者可能因此承受莫大的舆论压力和网络暴力。

三、各种情绪问题

在不正常的亲密关系中，女性将长期被压迫、被控制，从而缺乏安全感，容易因此疑神疑鬼、情绪失控，不能专注于自己的生活及工作，继而对生活充满绝望。

四、创伤类反应

深陷PUA陷阱的女性可能产生极大的精神创伤。大多数受害者会后悔、自责，例如，“我怎么会这么蠢”，“我为什么会相信他”，等等。久而久之，大多数受害者会不自觉地贬低自己，睡不安稳，常做噩梦，甚至产生退缩和回避行为。更严重的是，受过伤害的女性可能对亲密关系甚至任何异性都无法再信任，最终失去爱人的能力。

受害女性可以做什么

一、收集并保存好相关证据

如与对方的聊天记录，给对方转账的记录，与对方的合照以及其单人照，对方泄露你的隐私的证据等。

二、拨打12338——全国妇联设立的妇女维权公益服务热线——进行求助

在求助时，最好在电话中说明自己遭遇的情况，讲明相关事件对于自身和社会已经造成的不良影响，并要明确表达自己的诉求。

三、寻求法律援助

我国目前没有针对PUA的专门立法。若对方在实施PUA的过程中相关行为涉嫌违法，可以先保管好证据，然后寻求法律援助。

受害女性需要的心理自助

一、积极缓解自己在不良关系中所受的伤害

女性在不良关系中受伤后，可能会出现以下状况：不可抑制地回忆相关经历，刻意回避与伤害相关的刺激或信息，变得更加抑郁、焦虑、愤怒，等等。

面对这些伤害，你可以主动从家人、朋友那里寻求支持。选择合适的场合谈论伤害性事件、充分表达自己的情绪也是十分有效的策略。除此之外，合理使用减压技巧、进行有创造性的活动（如写作等）、外出旅行等都可以帮助你缓解相关痛苦。

二、及时判断自己是否需要专业的心理援助

有研究者指出，PUA的女性受害者容易出现严重的抑郁和应激性障碍，比如时常失眠、无缘无故大哭、噩梦连连等，严重时甚至会有自伤、自杀的行为，因此需要专业的心理援助。

受害者要及时判断自己是否需要专业的心援助，如心理咨询等。若受害者精神状态变化较大，心里非常痛苦，无法正常生活、工作，甚至有自伤、自杀的倾向，一定要及早寻求专业的心理援助。

第 5 课

Lesson Five

科学应对意外怀孕

本文作者：黄书华 / 专业指导：宋歌

女性意外怀孕的社会现状

意外怀孕指避孕措施失败导致的怀孕或偶然性的怀孕。一般而言，遭遇意外怀孕的已婚女性通常没有做好成为一个母亲的准备，会因意外怀孕而倍感烦恼。意外怀孕的未婚女性尤其是未成年女性，更会面临生理和心理上的双重挑战，尤其还将面临来自社会层面的责难和非议。她们往往会产生恐慌、羞耻的情绪。意外怀孕可能成为她们人生中的重大危机。

让人忧心的是，未成年女性意外怀孕已经成为全球性的问题。据研究，全球每年约有1400万名未成年女性生育，其中大部分生育行为源于意外怀孕；全球每年有440多万名未成年女性堕胎，其中又有很多未成年女性接受了不安全的人流手术。我国近几年的相关调查显示，青少年婚前性行为、人工流产的情况呈逐年上升趋势。在我国，每年接受人工流产的女性中有25%左右为未成年女性。

对于个体来讲，如何应对意外怀孕带来的挑战，要先从了解相关知识开始。

如何判断自己是否怀孕

一般来讲，月经周期一向十分规律的女性，如果某月经周期推迟超过10天仍没有到来，就有怀孕的可能。若怀疑自己怀孕，可到正规药店购买HCG早孕试纸，进行自测。当然，相对于HCG试纸自测，到正规医院接受更专业的检查，能更准确地判断自己是否已经怀孕。

意外怀孕在心理上对女性的影响

一、孕期生理变化可能带来的心理变化

不管是计划怀孕还是意外怀孕，女性都有可能因为孕期的生理变化而发生一系列的心理变化。

1.孕期的生理不适，可能会让女性感到疲惫，造成情绪波动，变得不太像自己。这时记得提醒自己，这些情绪反应是正常的，是大部分孕期女性都会经历的，并不是自己有问题才会有如此反应。

2.孕期身体的变化，可能会让一些女性觉得自己变得笨重、皮肤不再有光泽，从而开始否定自己，陷入低落的情绪。当察觉到这样的变化时，请及时寻求帮助，比如，向有孩子的女性朋友、家人取经，了解她们当时是如何应对的，也可以寻求专业人士的帮助。

二、懊悔、自责

意外怀孕对女性的情绪影响很大。女性在得知自己意外怀孕之初，通常希望这件事情还有转圜的空间，但在确认怀孕的事实后，会产生极度懊恼、后悔的情绪。她们多么希望自己能够回到意外怀孕前，多么希望改变这个既定的事实。她们可能会有这样的想法："如果没有发生这样的事该多好。""如果再来一次，我一定会选择不发生关系或者积极避孕。"当发现事实无法改变后，有些女性会进一步陷入深深的自责和懊恼当中，责怪自己没有做好保护措施。

三、羞耻感

未婚先孕的女性尤其是未成年女性及其家人可能会对未婚先孕的事实感到耻辱、自卑，甚至心生罪恶感。有人甚至可能会认为这是伤风败俗的事情，从而对当事女性进行人格贬低和侮辱。这些都可能导致未婚先孕的女性尤其是未成年女性自责不已的。

四、恐慌

当发现自己意外怀孕时，当事女性也可能经历巨大的心理恐慌。羞耻感会促使一些女性因为害怕和惊吓，极力隐瞒自己意外怀孕的事实。她们常常由于害怕和极度的羞愧，并不会把意外怀孕的事实告诉父母和他人，而是选择自己处理。而缺乏社会资源和应对策略的当事女性容易在缺少支持的情况下，做出不理智的选择，比如，在没有合法资质的小诊所终止妊娠或自行服用各种堕胎药等，从而给自己造成严重的身体创伤甚至精神创伤。

五、绝望感

年轻女性尤其是未成年女性正处于追求学业或事业的黄金时期。若遭遇意外怀孕，她们原本的生活秩序可能会完全被打乱。这样，她们不但无法充分享受追求学业或事业所带来的乐趣，她们的各种计划甚至人生计划也会受到极大影响。继而，她们会产生失落和孤独的感受。一般来讲，年轻女孩对自己的外表、学业等有着较高的要求和期待。如果她们把意外怀孕当成自己的人生污点，很容易陷入更大的悲伤甚至极度的绝望中。

科学应对意外怀孕

如果你正在经历意外怀孕所导致的生理、心理变化，甚至正在为此感到痛苦、彷徨，请不要被意外怀孕带来的各种挑战打倒。我们每个人都拥有自我调适的能力。意外怀孕带给我们的冲击，我们能够慢慢适应。无论你是未婚女性，还是暂时没有生育计划的已婚女性，如果不幸遭遇意外怀孕，都需要积极应对其带来的影响和挑战。

寻求支持

请记住，你永远都不是独自一人，不要忽视人和人之间可以建立的联结。寻求帮助并不是软弱的表现。你可以在保障自己的隐私不会被泄露的基础上，寻找值得信任的人的陪伴，向值得信任的人倾诉你的感受。寻求支持是十分重要的。你可以向人倾诉意外怀孕带给你的影响、身心上的压力和不被人知的感受。你也可以寻求专业的心理支持，以获得一些来自专业人士的医疗、教育等方面的信息。

如果你是意外怀孕的未成年女性，请不要因为害怕父母的责骂或者害怕父母对你失望而隐瞒他们。也许，他们和你一样，需要一个过程以慢慢接受这样的意外。请你相信，父母和亲人可以为你提供很多真正能帮到你的信息与资源支持，也可以帮助你应对意外怀孕带来的各种影响。当然，与父母沟通这件事还是需要一些策略的。

最重要的是安定好自己的情绪。一定要接纳意外怀孕的事实，要带着平和的心态与父母进行沟通。可在与父母沟通之前做几次深呼吸。

不同的父母对于女儿意外怀孕的事实，会有不同的反应。事先预想一下父母可能会有的反应，可以帮助我们更好地应对。

要理解父母的感受，多给父母一些时间和空间。和我们一样，他们也需要一些时间和空间来接纳这个事实。父母很可能会出现应激反应，比如责骂、愤怒、痛心、失望等。请相信，随着时间的推移，他们会慢慢接受并帮助我们应对一切。

在沟通的过程中，请不要隐瞒父母任何事情，尽量诚实地把自己的处境告诉父母，然后和父母一起探讨可能的解决方案。

认知调整

很多时候，我们对意外怀孕有一些认知上的误区，这可能会影响我们对这件事的处理。所以，我们有必要在认知上有一个调整。

误区一：意外怀孕都是我的错

面对周围环境可能出现的负面评价，当事女性通常会认为意外怀孕都是自己的错。未采取避孕措施或者避孕失败都有可能导致意外怀孕。未成年女性未采取避孕措施或避孕失败可能与性知识的缺失、在性关系中过于被动或者非自愿性行为有关。女性默默承担这一切是不公平的。女性很可能是意外怀孕最大的受害者，所以更应该保护好自己，而不是过度责怪自己。

误区二：我应该为意外怀孕而感到耻辱

意外怀孕并不丢脸，只是由于我们疏忽大意或者缺乏自我保护意识而导致的结果。即便未婚先孕也非大逆不道，请不要为此感到羞耻。意外怀孕可能给我们带来了诸多困难和压力。然而，只要我们积极地去应对，我们的人生还是会充满阳光的。

误区三：我的人生从此有了污点，不完美了

没有所谓完美的人和人生。每个人在成长的道路上都会遇到挫折和打击。随着时间的推移，意外怀孕最终只会成为我们人生中的一段经历。也许走过这个过程并不容易，但正是因为这一切，我们才有机会拥有更强大的抗压能力。

自我关怀

早孕反应和心理压力可能让你疲惫不堪。请好好照顾自己，放松心态。可做一些让你放松身心的事情，来进行自我关怀，比如，洗个热水澡、冥想、做呼吸练习、散步等。这个阶段，你可能会因为意外怀孕面临辍学在家或暂时失业的孤独感，但请别忽视社交对于改善负面情绪的积极作用。

第6课

Lesson Six

女性遭遇冷暴力如何自救

本文作者：韦婷婷 / 专业指导：宋歌

什么是冷暴力

案例一：

小英从小生活在一个缺爱的环境。她的父母经常吵架。每次吵完架之后，小英的父母都会在很长一段时间内互不理睬。不过，他们之间从没有发生过激烈的肢体冲突。自小在这样的环境中长大的小英，慢慢形成了敏感、自卑甚至有些自闭的性格。

案例二：

职场白领阿月有一次与公司的一个领导在一项工作上有了一些分歧并因此发生了争吵，之后她很快被调到了一个工作更为辛苦的岗位。同时，她的办公桌也被安排在办公室的角落。之后，她经历了办公室同事长达数月的冷落及疏远，时不时还会遭到上级主管的嘲讽和贬低。最后，她无奈地选择了自主离职，在没有获得任何补偿的情况下离开了公司。

案例三：

小丽交往一年的男友性格内向，有时对小丽非常冷淡。他们两人遇到矛盾、冲突时，男友常以沉默应对，或者直接对小丽的女性身份进行贬低。当小丽想要进一步沟通时，男友就会“自动消失”，比如，不接电话、不回信息、不愿意出来见面等。他们每次的矛盾、冲突，都是以小丽的主动妥协告终。在又一次争吵后，男友“消失”了一个月，小丽深陷痛苦却得不到回应，最后选择与男友分手。

上述的几个事例向我们呈现了家庭、职场和亲密关系中常见的冷暴力现象。

那么，“冷暴力”究竟指的是什么呢？

冷暴力是暴力的一种，表现为以冷淡、轻视、放任、疏远和漠不关心等冷处理的方式在精神和心理上对他人施加伤害。冷暴力本质上是一种精神虐待。

法国精神分析学家玛丽-弗朗斯·伊里戈扬或许是最早将精神虐待和冷暴力进行系统分析的人。她在自己的著作《冷暴力》一书中，通过大量案例探讨了冷暴力的各种表现形式与严重危害，详细剖析了施暴者与受虐者的特点与关系。伊里戈扬认为，冷暴力是一种精神虐待，是施害者从心理、精神和情感方面对受虐者进行虐待的方式。

也许，很多人对冷暴力这一概念本身感到陌生，但是冷暴力在我们身边并不罕见。

相关机构在对浙江、湖南、甘肃三省3500多个家庭的调查中发现，在有矛盾的家庭中，88%的家庭出现过夫妻双方互不理睬等冷暴力现象。另据某项调查的数据显示，50%遭遇过冷暴力的女性，需要半年以上的时间才能够从冷暴力的伤害中走出来。

某机构有关职场冷暴力的调查显示，67%的受访白领曾经遭遇过职场冷暴力，而这些冷暴力主要的实施者是直属领导；只有16.9%的人会在遭遇职场冷暴力后，积极寻找解决办法；38.1%的受害者反映自己会因此非常郁闷，甚至无法安心工作；20.9%的受害者表示会选择以冷制冷；将近20%的受害者最终选择了离职。

冷暴力产生的原因及其危害

有的人在成长过程中，并没有学习到科学处理矛盾的方法，只能本能地使用回避、冷漠、疏远的办法应对生活中的各种问题。这可能是冷暴力形成的原因之一。

在亲密关系中，冷暴力的形成可能与依恋模式有关。具有不安全型依恋模式的人，常常会在亲密关系出现矛盾时，使用逃避、回避等方法来处理问题。

冷暴力本质上是一种精神上的虐待和控制，以权利结构中强势一方对弱势一方的忽视、贬低、疏远和羞辱等形式出现。

相关研究文献显示，家庭冷暴力更多地出现在中产或男性受过良好教育的家庭，本质上是一种蓄意为之的忽视、冷漠和隔离。实施冷暴力的一方通常是想以此在无须分割财产和负担抚养费的情况下，摆脱当下的亲密关系或实现出轨的目的。

精神上的冷暴力因为很难像肢体暴力一样留下明确的证据，因此很难被法律认定为暴力。受害女性往往因为长期遭受冷暴力所导致的心理创伤，很难在离婚过程中持续、坚定地维护自己合法的权益。另外，冷暴力也会给长期在类似环境中长大的孩子造成相当严重的负面影响。

职场中出现的冷暴力，则更多与职场中的权利结构密切相关。它源于掌权者对职权的滥用、上级对下级的变相打压和控制，是一种管理能力差的体现。职场中的冷暴力会让受害者感受到强烈的挫败感，导致工作积极性下降，产生愤怒、焦虑和抑郁的情绪。更严重的情况是，职场冷暴力可能导致冷暴力的恶性循环：受害者或旁观者也开始对下属或同事使用冷暴力，最终导致职场上的“冷暴力文化”。

冷暴力的具体表现

冷暴力既然是一种精神虐待和控制的手段，那么资源和权利较少、获取资源能力较弱的弱势群体，就比较容易经历冷暴力。例如，尚未成年的儿童或青少年、经济地位较为低下的社会底层、性别结构中较为弱势的女性等。

微小的冷暴力在生活中比较常见，其过程往往始于不尊重他人、冷漠或者单纯的控制。然而，这些行为的作用对象如果不加以回应，事情也许就会发展到下一个阶段：出现明显的虐待和控制行为，对心理健康造成威胁。

玛丽-弗朗斯·伊里戈扬认为，“精神虐待关系”会经历两个阶段：人格腐蚀和公开暴力。

第一阶段可以看作“洗脑”过程。施暴者通过权利施展影响力，让自己成为对方眼中唯一着迷的个体；同时，让对方自卑无助，成为沉默的附属，只能表示赞成和认同。

从“洗脑”开始，冷暴力的过程就充满了控制——通过自觉或不自觉的语言交流，达到掌控对方、让对方毫无自主判断力、长期处于压力之下的目的。

第二阶段叫作孤立阶段。被掌控后，受虐者往往会表现出被动的愤怒，或执着于对方的反应。例如，追着施暴者要一个回应。这反倒让人误以为，受虐者才是关系中的主动者和掌控者。

女性应该如何识别冷暴力

冷暴力的施暴者通常具有拒绝直接沟通、总是推卸责任、非常冷漠、爱贬低别人等特点。女性可以通过识别冷暴力实施者的行为特征识别冷暴力。

一、拒绝直接沟通

拒绝沟通的目的，实质上是控制。日常生活中，有些人时常通过制造一种“单向沟通”的假象来保持距离。在矛盾爆发时，这种行为看起来是一种更理性的做法，实际上，很多人这样做的目的并不是为了维持关系，而是为了保持距离，阻止双方进行深层的、有意义的交流。具体来讲，拒绝直接沟通通常表现为拒不承认双方之间有问题、不愿意沟通以寻求解决问题的方法、默默地把过错加在对方身上、拒绝对话甚至剥夺对方发言的权利等。

对方想说的话，对于实施冷暴力的人而言，他不感兴趣也不会真正地去倾听。他对其他朋友并不是这样，而只是对受害人如此。这很容易让受害人产生自责的情绪。受害人可能因此会以为是自己的过错和执着导致了对方的沉默和不回应。

二、总是含糊其词、制造混淆，甚至推卸责任

冷暴力的另一种常见形式，就是实施暴力的一方总是使用一种冷漠的、单调的、不带感情色彩的语气沟通，并且总是带着藐视和嘲笑的意味。他们的态度，即便在旁观者看来，也无不包含着难以言说的责难、讽刺和威胁。

在这个过程中，交流的内容已经不重要了。让受害者痛苦的是施暴者那种令人坐立难安和心生恐惧的冰冷语调以及隐含的胁迫。例如，孩子想要寻求父母的关注时，有些父母会不耐烦地回应："你怎么老黏着我！""我怎么会生出你这样的孩子！"

在冷暴力中，施暴者常以说教、抽象的方式把受害方拉入不擅长的领域，从而陷对方于一种被动和弱势的境地；或者故意含糊其词、语焉不详、制造混淆、歪曲话语，以推卸责任。

三、非常冷漠

某网站曾做过一个主题为"女性遭遇冷暴力分手"的匿名调查。参与调查的女性有85%经历过一周以上的冷暴力；35.1%的参与调查的女性经历过一个月左右的冷暴力；21.4%（超过五分之一）的参与调查的女性经历过半年以上的冷暴力。在亲密关系中，冷暴力的施害者常常采用冷漠、忽略和疏远方法代替正面沟通，例如：从不主动沟通；沟通时总是冷漠附和或者敷衍了事；面谈时总是爱搭不理，不愿意沟通；总以自己忙碌为由，几个月甚至半年不见面；等等。

四、总是撒谎、嘲笑、轻视甚至对受害方进行人格贬低

贬低女性的性别身份是两性关系中最为常见的精神虐待的形式，例如：开女性的玩笑；取类似“胖猪”“肥姐”“排骨妹”的外号；用类似调侃、嘲笑的方式制造不愉快的气氛，并以此达到弱化对方的目的；等等。有的人会在社交场合故意对女性进行贬损和讽刺，如：“女的就是作。”“你这样做太可笑了！”“是不是女的都像你一样没脑子！”有的人会拒绝与自己的女友直接对话，而是通过他人传话来对对方实施贬低和侮辱。有的人会故意在人际关系中，通过撒谎来制造矛盾，让旁观者无法辨明双方矛盾的真伪和本质。

讽刺、嘲笑和贬低也常常出现在职场冷暴力中。例如，在本文开头所讲的阿月的故事里，上级不和阿月直接对话，而是常在公司会议中对阿月冷嘲热讽，对阿月实施语言上的骚扰和调侃，甚至通过编造一些似是而非的故事对阿月进行贬低。

冷暴力对女性的影响

毫无疑问，即便是心理抗压能力极强的人，长期遭受冷暴力，也可能产生情绪上的困扰。更为严重者，可能出现创伤性反应。

如果你意识到自己正遭受冷暴力，恭喜你！这至少说明你在认识层面上，已打破了冷暴力的恶性循环。能识别冷暴力的存在以及对自己的影响，这是应对冷暴力的关键。

当然，如同肢体暴力一样，冷暴力可能也裹挟着复杂的人际关系问题和各种其他问题，如孩子的抚养问题、经济问题、亲密关系中的依恋问题、车贷与房贷问题等。

遭受冷暴力之后，你在心理上可能会出现以下问题。

一、严重的自我怀疑

1944年5月11日，一部名为《煤气灯下》的电影在美国上映。本片由乔治·库克执导，查尔斯·博耶、英格丽·褒曼、约瑟夫·科顿等人主演。该片上映后，在美国引起轩然大波。该片讲述了钢琴师安东为了得到宝拉继承自姑妈的钻石和大笔财产，一面把自己伪装成潇洒、体贴的丈夫，一面又企图用心理战术把宝拉逼疯的故事。

安东采用的手段包括：告诉所有人宝拉生病了；暗示宝拉——她有病；故意给宝拉一些小东西，等宝拉收好后，又偷偷藏起来，再质疑宝拉把东西弄丢了；故意将煤油灯调得忽明忽暗，同时坚决否认灯有问题，让宝拉以为自己出现了幻觉；等等。

如果你是类似冷暴力的亲历者，你也会像宝拉一样产生严重的自我怀疑。具体来讲，你可能会出现以下情况：

1.总觉得对方说得不对，但是又无法说清楚哪里不对；

2.总怀疑自己是不是有问题，是不是不够忠诚、不够热情或是哪里做得不够好；

3.总感觉自己被对方带进了一个死胡同，虽然不情愿，但是又没有自救的办法；

4.总是对自己持否定态度，例如常怀疑自己的魅力、能力甚至女性身份；

5.总是过度自责，例如总是责怪自己做得不够好等；

6.将自己的主动沟通，视为对对方的胁迫和压制；

7.十分内疚，总是强迫自己适应对方的冷漠，甚至为此付出更多。

二、严重的抑郁和焦虑

冷暴力施害方最重要的目的是实现对受害方的精神控制以及

人格的损贬甚至瓦解。

在长期遭受冷暴力的过程中，受害者会越来越孤独，甚至没有办法与伴侣或他人真诚地沟通。受害者可能会因此认为自己是“糟糕的人”，应该“孤独至死”。另外，冷暴力受害者很有可能因此出现过度抑郁和焦虑的情绪，继而对关系的维持患得患失、日夜惶恐，或者在交往过程中，时刻担心自己的言行是否得宜。

童年时期，如果家庭气氛紧张或冷漠，比如父母经常吵架、经常责骂孩子，或几乎不说话，也不关心孩子的情绪和需求，那么孩子可能就会处于一种惧怕和焦虑的状态，变得敏感又自卑。成年后，有过这样经历的人确实更容易陷入抑郁和自卑的情绪，甚至产生极度的自我否定和焦虑。但请不要灰心，这样的影响通过专业的心理咨询等帮助，是可以改变的。请允许自己去寻求专业帮助。

三、创伤性反应

内在的紧张和压力，是屈从冷暴力后必须付出的代价。在长期的压力下，受害者很容易出现创伤性反应，比如警觉、恐慌、不安、愤怒等。慢慢地，受害者会不自觉地陷入紧张不安和恐慌的情绪，一想到自己曾经（或正在）遭受冷暴力，就会抓狂、愤怒甚至崩溃。

羞辱、讽刺、冷漠和威胁会印刻在受害者的记忆中，常常会突然出现，从而激起受害者强烈的恐惧和不安。

更严重的是，受害者在想到自己无法保护自己时，可能会出现强烈的愤怒情绪，并将这样的情绪带到以后的人际交往和亲密关系中，甚至由受虐者变成施暴者。

如何应对冷暴力

在一段权利不平等的关系中，要想完美地应对各种问题，几乎是不可能的。我们永远也“赢”不过权利更强大的施暴者。有时候，受害者在愤怒的情绪下，为了保护自己可能会采取与施暴者的手段同样的手段。然而，这并不一定能够扭转情势。

我们也许无法控制外在的因素，但我们可以从自身着手，找出应对的办法。

保持理智，认清现实

认清关系的本质是改变关系的重要开始。冷暴力之所以能发挥作用，是因为施暴者通过一系列手段，让受害者失去了认知能力和自主意识，陷入了一段虚假的关系中。因此，恢复自主意识和认知能力，逐步相信自己的感受和判断，是科学应对冷暴力的重中之重。

在一段关系中遭受冷暴力的人应该意识到，关系中的任何一方为关系中的冲突负所有责任都是不合理的；对方用疏远、冷漠、讽刺、嘲笑、贬低的伎俩，只是为了掩饰内在的无力；对方对“我”的真情实感的流露所产生的怀疑、愧疚和否定，亦是一种操纵；所有对话、解释和努力，最后也许都会付之东流，最好以“止损”告终；等等。

离开暴力环境，寻求支持和帮助

冷暴力也是暴力的一种。如果沟通和对话毫无用处，那么尽可能快地离开暴力环境，也许是比较有效的方法。这样至少可以避免暴力环境对我们的身心健康造成持续的伤害。在家庭环境中，可以尝试暂时离开或要求对方暂时离开。

身陷冷暴力造成的孤立环境，我们也许可以通过外界的帮助和支持实现“突围”。我们至少可以通过第三方（如亲戚、父母、朋友等）的支持和帮助重获信心和希望。比如，你可以告诉自己的亲友：“我现在正处于被丈夫（或其他人）孤立的状态。虽然我们之间没有肢体冲突，但是我的心理状态很不好。对方对我的不理不睬和冷漠打压让我心里很难受。你能不能帮帮我或者经常来我家和我聊聊天？”第三方的支持，能够在冲突双方之间建立一个缓冲地带。

在职场环境，可以通过寻求同事的支持和理解等方法建立自己的支持体系，也可以通过投诉或劳动仲裁来维护自己的正当权益。

在寻找第三方支持的过程中，应尽量寻找那些了解内情、具有同情心并能在我们困难时给予我们陪伴、帮助的朋友。否则，我们可能会有“在求助过程中遭遇二次创伤”的风险。

打破恶性循环，开始行动并获得自主感

由于冷暴力的存在，受害者可能会过度委曲求全。这时，改变策略、积极主动、不畏冲突，方可打破暴力带来的恶性循环。

施暴者也许会持续进行挑衅，如“你根本没有同情心”“你没法沟通”等。受害者不要因此退让，如有必要，可以将相关危机和暴力摊开在众人面前。也许，这会让你看起来像个“施暴者”，但这样的对抗是你通过行动来改写自己生命故事的绝佳机会。这样的行动，同样有助于受害者找到属于自己的主动权，并找到改变的可能。

心理建设，逐步恢复对生活的掌控感

“达洛卫夫人说她要自己去买花。”这是英国著名女性主义作家伍尔夫的作品《达洛卫夫人》的第一句话。“自己去买花”，意味着她获得了自己与自己更为真实且独立的联结。

受害者在不健康关系中失去的掌控感，可以在自己的日常生活中找回来，例如：自己去买一束花装点房间；每天自己决定吃什么；自己决定假期要去哪里旅游；等等。完成这些自主行为的时候，可以适当奖励自己，对自己表达爱意。

通过心理暗示告诉自己遭受冷暴力后不需要为此感到内疚，并多给自己一些积极的暗示，如“你做得对”“你没有错”等。这些都有助于受害者找回自己失去的自信和力量。

寻求专业社会机构的帮助，利用法律维权

受害者可以向当地妇联、各种专业的社会组织求助。专业的心理咨询师可以从心理层面给予受害者专业支持。

长期遭受冷暴力，会让人感到痛苦、内疚乃至绝望。而在健康的亲密关系中，我们可收获幸福、支持和爱，也会因此变得更加自信、坚强。愿所有人都能够摆脱暴力和冷漠的泥潭，走向更自由

的未来。

相关自助策略

把批评的声音变成卡通角色的声音

把批评的声音变成卡通角色的声音有助于缓解内心的消极感受，处理消极的自我对话。

当你在做一件事却觉得自己不靠谱时，你的内心会有一个巨大的声音告诉自己，这样做会犯下多大的错误，或者整件事情就是个天大的错误。这时，你可以尝试做一个实验。

想象一个说话声音特别好玩的卡通人物，比如唐老鸭、米老鼠或大力水手。闭上眼睛，感受那个不停批评你的声音，注意你的身体变化和感受。然后，把那个批评你的声音想象成卡通人物发出的声音，注意自己的情绪会有什么变化。

做过这个实验后，大多数情况下，与卡通人物发出的声音一起出现的令人不快的感觉会慢慢消失。这是因为卡通形象在我们记忆中有特别强的、关于愉快和滑稽的联想，能令消极的感受难以继续。

想象自己的身体被温暖的光束扫描

闭上眼睛，关注自己的呼吸，并想象有一束温暖的阳光出现在你面前。

这束光开始照射到你的头顶。此时，想象你的头顶随着这束暖光的照射，越来越放松、越来越舒适，一切紧张和压力都随之消失。接着，让光束由上到下依次照射你的额头、脖子、肩膀、胸部、腹部、手臂、双掌、大腿、小腿、双脚。像身体扫描仪一样，温暖愉快的阳光从头逐渐扫描到你的双脚。随着你安静、深长、放松的一呼一吸，你的身体也逐渐变得平静、放松，感到安全，甚至一丝丝的喜悦。最后，在光束照到脚趾之后，开始感受自己全身心地放松和舒适的状态，并在这样的状态下休息一阵，再逐渐醒来。

第 7 课

Lesson Seven

女性遭遇家暴自救指南

本文作者：卢淑芳 高强 向思雅 / 专业指导：徐凯文

什么是家庭暴力

家庭暴力指在家庭中发生的一切暴力行为。更具体一点讲，家庭暴力指家庭成员之间以殴打、捆绑、残害、限制人身自由，以及经常性谩骂、恐吓等方式实施的对于身体、精神的侵害行为。

相关研究表明，家庭暴力有明显的性别特点，家庭暴力的绝大部分受害者是女性。

据统计，我国某年度涉及家暴的离婚纠纷一审审结案件中，91.43%的案件涉及男性对女性的家暴。家暴的方式以殴打和谩骂为主。

一般来讲，家庭暴力有身体暴力、性暴力、精神暴力和经济控制4种主要的表现形式。

调查发现，我国某年度生理暴力（身体暴力、性暴力）的年内发生率为31.6%，精神暴力（心理侵犯、控制、忽视）的年内发生率为52.4%。

无论是哪种形式的家庭暴力，无疑都会对女性造成一定程度的伤害。

家庭暴力是如何发生的

哪些人容易成为施暴者

一、自卑的人

自卑的人主要指对自己的能力、品质评价过低的人。自卑之人的具体表现为：

1.过分敏感，自尊心过强，非常希望得到别人的重视，害怕被人忽视，过分看重别人对自己的评价；

2.过于情绪化，情绪起伏非常大，时而开心，时而暴怒，甚至会采用暴力、自残等极端方式表达情绪。

二、自我优越感强的人

自以为自己在生理方面、心理方面以及其他方面强于他人的人，即便自身并没有什么能力，也总会表现出蔑视一切或十分自负的状态，尤其喜欢指手画脚。

三、报复心强的人

报复心强的人的特点是：

1.上进心强、好面子、很想出人头地，一旦没有实现自己的愿望，就会有不满情绪，从而产生报复心理；

2.脾气暴躁、倔强、固执，一遇到不如意的事就满腹牢骚、火冒三丈，继而不分青红皂白地实施报复行为；

3.出现过失行为后，会觉得自己失去了应有的尊严，十分痛苦，自暴自弃，进而形成报复甚至犯罪心理；

4.与他人的关系十分紧张，精神时常处于紧绷状态，一旦碰到不顺心的事，便会“豁出去”，实施报复行为。

四、个性偏执的人

个性偏执的人会记仇，对遭受的侮辱和伤害耿耿于怀；敏感多疑，心胸狭隘；思想、行为固执死板；爱忌妒，对别人所获成就或荣誉常感到紧张不安；总是寻衅争吵，喜欢在他人背后说风凉话，抑或公开抱怨和指责别人；对自己的能力估计过高，习惯把失败和责任归咎于他人；建立家庭后常常怀疑配偶对自己不忠；等等。

五、易激惹的人

易激惹的人一旦遇到刺激或是不愉快的事情，很容易产生剧烈的情绪反应，常与他人发生争执。

六、有酗酒或吸毒恶习的人

有酗酒或吸毒恶习的人自控力差，意志薄弱，尤其在酗酒或吸毒之后很难控制自己的行为，因此极易实施暴行。

哪些人容易成为受害者

一、低自尊的人

低自尊的人经常贬低自己，比如，“我做不好任何事情”“我非常笨拙”“我没用”等；缺乏责任感；缺乏自信心，认为自己是不值得被爱的；惯于抵制变化，似乎更喜欢僵化和无所作为的行为方式。

二、依赖性强的人

依赖性强的人会过度依恋他人，不喜欢做决策，当需要自己拿主意时，经常一筹莫展；理所当然地认为别人比自己优秀、比自己有吸引力、比自己能干；常感觉自己软弱无助，常无意识地以别人的看法来评价自己；缺乏主动进行人际交往的勇气；敏感多疑，情绪控制能力较差；等等。

三、缺乏社会支持的人

缺乏社会支持的人基本不与他人交往，在需要帮助时，能够从亲朋好友那里获得的社会支持很少。

四、懦弱的人

懦弱的人胆小怕事，习惯对亲近的人乱发脾气，在不熟悉的人或者陌生人面前态度软弱，十分卑微；吵架时会通过摔东西来发泄愤怒；在别人面前基本不敢发表反对意见；遇到困难常选择逃避，比如会用酒精来麻痹自己；等等。

五、缺乏安全感的人

缺乏安全感的人容易有负面情绪，经常无缘由地不开心；不断尝试向他人或自己证明一些事情；有较强的控制欲；总活在自己的想象里，而不是活在当下；等等。

与家暴相关的传统家庭文化因素

在我国部分地区，“男尊女卑”的封建思想与传统观念依旧存在。这在一定程度上增加了家庭暴力发生的风险。

家庭成员经济和社会地位的不平等，对家庭暴力的产生也有一定影响。比如，经济不独立、没有工作等，是女性身陷家庭暴力的重要原因。

另外，受传统观念影响，家庭暴力常被视为家庭私事来处理。比如，受“家丑不可外扬”的观念的影响，受害者往往更倾向于隐瞒自己被家暴的事实，而不是向外求助。再如，受“床头吵架床尾和”观念的影响，家暴发生时，由于缺乏外部力量的介入，家庭暴力不能得到妥善解决。这些都会从某种程度上助长施暴者的嚣张气焰，致使家庭暴力频繁发生。

关于家暴的错误认知

关于家暴的认知误区

误区一：家暴是偶然性事件

遭受家暴之后，很多受害者可能会帮施暴者找各种借口，比如喝多了控制不住自己、工作压力太大等。其实，不管家暴是否为偶然性事件，受害者都应该意识到家暴已经发生的事实，要及时采取行动保护自己。事实上，家暴只有零次和无数次，没有偶然。

误区二：只有殴打才是家庭暴力

事实上，家庭暴力除了身体暴力，还有性暴力、精神暴力、经济控制等形式。

误区三：家庭暴力只发生在某些家庭中

事实上，家暴可能发生在任何家庭。家暴的发生，与家庭关系、施暴者、受害者等都有关系。

关于受害者的认知误区

误区一：受害者可能做了错事，在与施暴者争执时引发了施暴者愤怒的情绪

事实上，具体问题应该具体分析，某个行为或事件的对错不应该取决于某一方的主观判断。不管怎样，用暴力手段处理问题都是不被法律允许的。

误区二：受害者的精神或心理方面本来就有问题

由于长期遭受家庭暴力，受害者可能处于焦虑、恐惧或紧张的状况之中，变得软弱、自闭、抑郁、冷漠、敏感等，进而影响自己的外在行为以及社交水平，所以有时看起来可能不太正常。适当的心理辅导可以帮助受害者重建愉快生活的自信。

误区三：受害者一走了之就没事了

许多受害者都会因为传统的家庭观念，认为自己必须为家庭负责。有些受害者缺乏独立生活的能力。有些施暴者，在受害者想要离开时，会扬言报复。因此，受害者在选择离开前，会经历许多挣扎。

误区四：为了给孩子一个完整的家，忍一忍就过去了

发生在父母之间的暴力将给孩子内心带来巨大的心理创伤。

长时间面对一个表面完整，实质上充满暴力、支离破碎的家，孩子将受到严重伤害。

误区五：受害者教育水平低

事实上，是否会遭受家庭暴力和受害者的受教育水平没有必然联系。

关于施暴者的认知误区

误区一：施暴者一般都有精神问题，很难控制或改变自己的行为

事实上，施暴者若有精神问题，应该通过专业的心理咨询或治疗，来修正自己的行为，而不是通过暴力手段来解决问题。如果精神分裂症患者正处在无法控制自己之时，应该及时请专业人士帮忙。

误区二：施暴者对所有的人都有暴力倾向

事实上，许多施暴者的暴力行为仅限于家庭范围内。在其他社交场合，他们看起来可能温文尔雅、言行有度、举止得当。

误区三：施暴者一般都是生活上的失败者

事实上，很多施暴者都有很高的收入，或者从事的是相当受人尊敬的职业，如医生、律师等。他们中的一些人，在外人面前对受害者十分体贴，以致外人十分信任他们。

关于处理家暴的认知误区

误区一：为了发泄负面情绪，偶尔有一些暴力行为可以理解

事实上，精神上有压力，应该采用科学有效的减压方式，而不是通过伤害他人的精神或身体来发泄情绪。

误区二：夫妻矛盾都是“床头吵架床尾和”，外人不适合插手

事实上，家庭暴力如果得不到及时的干预，很多情况下会越演越烈，甚至酿成悲剧。唯有及时向外界或专业机构求助，才有可能改善家庭暴力的现状。

误区三：家庭暴力最好在家庭内部解决

事实上，家庭暴力的发生往往源于混乱的家庭秩序。及时脱离充满暴力的家庭环境，不仅可以有效地保护我们自己，还有助于我们看清楚问题的根源。要学会以全新的认知和有效的方法，处理当下的问题，规划未来。爱自己，才会有美好的未来。

误区四：婚姻可以改变一个施暴者的暴力行为

事实上，施暴者的暴力行为产生的原因有很多。婚姻并不能改变施暴者的本质。家庭暴力在婚姻生活中往往会变本加厉。

被家暴时，我们该怎么办

受害人面对家庭暴力，若只是一味地忍让，认为时间可以淡化暴力行为带来的影响，甚至可以解决暴力行为，而不是及时采取有效的解决方法，无形中会助长施暴人的嚣张气焰，强化施暴人的行为，从而招致更多的伤害。

所以，遭遇家庭暴力时，我们不仅要提升防护意识，更要积极采取应对措施。

1.面临家庭暴力时，需保持冷静，不要直接顶撞或刺激施暴者。如果一时离不开，必要时可以向施暴者求饶，缓解施暴者的情绪，以避免遭到更严重的伤害。

2.被家暴时，需注意保护自己的头、颈、胸、腹等重要部位，以免受到严重伤害。事后可以将伤痕拍照留存，在日后当作证据用。

3.如有机会，可以躲到相对安全的地方或逃离，也可以向邻居、朋友、亲人等求助，甚至拨打110报警。

4.若在家暴中受到人身伤害，要尽快到医院进行验伤，接受治疗，并保留好相关证据。

5.可拨打反家庭暴力热线电话，也可向居住地居委会、街道办事处或者妇联求助。

6.对自己的受伤情况进行司法鉴定，要求相关部门为自己提供人身保护，以避免施暴者的继续伤害。

总而言之，女性在遇到家暴时应该勇敢地站起来，借助各种合法途径，维护自己的合法权益。

如何从根本上远离家庭暴力

彻底摒弃不合理的传统观念

“男尊女卑”“家庭暴力是家庭内部的事”“家丑不能外扬”等传统观念像一张巨大的网，悄无声息地影响着女性的认知和行为模式。有这种观念的人认为女性是卑微的，认为弱势的一方理应受到强势一方的控制与支配，认为即使面对侵害也应保持沉默、隐忍，认为不应该向外求助、不需要寻求改变。这些不合理的传统观念，是需要摒弃的。

唯有自救，才有机会看到生活的曙光。

提升自尊，树立信心，寻找属于自己的价值

被家暴的女性之所以选择沉默，往往与低自尊有关。她们大多认为自己没有资格反抗。这在无形中会放任施暴者进一步实施家暴行为。

自尊主要包括自我效能感与自爱两个方面。为了保护自己，我们需要提升自尊。

首先，多参与社交活动，多结识欣赏自己、支持自己的朋友。

其次，多进行自我觉察以发现自己的优势，同时多做自己擅长的事情。

再次，列一份自己喜欢做的事情的任务清单。每当完成一个小任务后，都要奖励自己。

最后，停止不合理的自我批评，比如“家暴都是因为我不够好”等。不要把所有的不幸遭遇都归因于自己，陷于自我怀疑当中。

努力实现经济独立，降低依赖性

大多遭受家暴的女性依赖性太强，没有独立的经济来源，缺少社会支持，甚至在精神上也不能独立。

观念上，我们要有这样的意识：我是独立自主的，与他人是平等的。正确的认知是做出有效行为的前提。物质上，我们可以尝试通过自己的努力养活自己。经济独立是人格独立的重要基础。另外，婚姻与家庭不是女性自我成长的终点，也不是唯一归宿。自我成长是女性一生的课题，一定不要放弃自我成长。

尝试沟通，澄清问题

当遭遇家暴后，施暴者可能会自责、内疚，很多时候还会保证不会有下一次。但家暴行为并不是无缘无故就发生的。为了避免家暴的再次发生，我们需要做的是有效的沟通与问题的澄清，如：关注对方有什么样的情绪以及产生情绪的原因；共同探讨情绪背后的心理需求；澄清彼此的需要，找到平衡点，以满足彼此的需求；等等。总之，在日常生活中，要加强沟通，共同面对并解决存在的问题。在对方情绪特别冲动时，建议暂时回避。如果沟通无果，建议通过合法渠道解决问题或保护自己。

珍视自己，打破沉默，公开事实

珍视自己，认识到自己是值得被爱的个体，而不是可以任人轻视的对象，才更有勇气面对暴力。打破沉默，公开事实，并不代表你对婚姻、对丈夫的背叛，而是只有这样，才有机会去爱你值得爱的人。要明确自己的个人边界，对“受害者有罪论”持批判意识，真正分清楚责任在谁。同时要懂得寻求帮助，比如可以向父母、亲朋好友、专业人士甚至新闻媒体寻求帮助。

第 8 课

Lesson Eight

安全分手，避免意外伤害

本文作者：黄甜　蒋欣玥 / 专业指导：徐凯文

分手引发的报复事件有多严重

你知道每年由分手引发的刑事犯罪事件有多少吗?

据相关资料，某年度的101起“前任复仇事件”中，男方向女方施暴的事件是94起，女方向男方施暴的事件是7起。

在“前男友报复事件”中，直接受害人包括女方本人（52起）、女方的现任（29起）、女方的亲朋好友（13起）。

从相关数据还可以看出，不安全分手的受害者多为女方以及女方周围的人，受害者所受伤害具体包括身体伤害、名誉伤害、心理伤害等。由此可见，“好好恋爱”固然重要，“好好分手”也同样重要。不安全分手导致的伤害事件十分普遍。

什么样的分手容易导致意外伤害

“不安全分手”指可能给当事人人身安全带来重大隐患的分手。“不安全分手”可能导致反复的纠缠、隐私泄露、名誉损害，甚至严重的人身伤害。所有人都希望好好分手、安全分手。重要的是，我们要搞清楚分手过程中存在的潜在危险。那么，什么样的分手可能发展成“不安全分手”呢？

我们可以从分手的“当事人”和“当时事”这两个视角来判断什么样的分手不安全。

和什么样的人分手应提高警惕

如果男方有如下一些性格特点或者惯常行为，女方在提出分手的时候需要提高警惕。

一、性格偏激，斤斤计较

这样的人一般爱钻牛角尖、情绪不稳定、行为莽撞。他们容易对别人的话产生误解，总觉得他人看不起自己；常对一些事情耿耿于怀，并因此仇视别人；忍受不了别人的拒绝，会因被拒绝而变得异常狂躁；等等。

对于有这些性格特点的男性而言，你和他分手不仅是两个人结束恋爱关系这么简单，而且意味着你狠狠践踏了他的自尊、你看不上他、他在恋爱这件事上的所有“投资”都打了水漂等。而这些不合理的想法很容易激发对方的负面情绪，甚至让对方做出一些过激行为。

二、惯于用暴力解决问题

在日常生活中，对方若常有暴力行为，或者恐吓、威胁行为，那么你在与对方分手时需要格外谨慎。也许，此前对方的攻击性行为的对象不是你，你一直是安全的。然而，在“分手”这件事上，你很有可能成为被对方攻击的对象。

三、控制欲强，死缠烂打

在恋爱过程中，对方若有以下行为特点，那么他很可能是一位“控制欲极强，分手后会死缠烂打”的人。

1.当你忘记回复他的信息时，他会非常紧张地给你打很多电话，直到联系上你为止。

2.他习惯掌控你的一切，甚至对你好友的个人情况和情感史也要了如指掌。

3.他很黏人，恋爱期间每天都和你黏在一起，几乎不会给你独处的空间。

4.他完全不会真正在意你的感受和任何决定，只是一味地把自己觉得好的强加给你，且不容你拒绝。

在亲密关系中，对方类似的过度控制行为和死缠烂打行为无不在提醒我们，他是一个安全感很低，对拒绝、抛弃非常敏感的人。

很多女生也许会觉得这些行为是对方在意自己的表现。然而，当对方的行为让你觉得喘不过气的时候，一定要警惕。在某种意义上，你提出分手在对方的意识里就是一种拒绝，甚至是一种抛弃，很可能让对方产生挫败感，从而做出一些极端行为。

四、对女性充满敌意

许多因虐待女伴而被绳之以法的男性在受访时表示，他们认为男人比女人更优秀，他们有权控制和处罚女性。因此，在恋爱过程中，如果你发现对方的言谈举止中，透露着对女性的贬低和敌意，在日常生活中对你的女性身份不太尊重，要十分注意。在与这样的男性分手的时候，更要格外注意，因为他很可能会“理所当然”地“惩罚”你。

避免不当方式——什么形式的分手可能不安全

除了要关注分手的对象，女性在分手时也要尽可能避免不恰当的方式。分手这件事，意味着分离和结束，本身就是一件容易让人受伤的事情。如果分手方式不恰当，无益于在伤口上撒盐，从而可能引发对方做出报复、纠缠不清等行为。那么，什么样的分手可能是不安全的呢?

一、理由不当的分手

有些人在分手时情绪十分激动，要么互相争吵，要么互相指责，一味地把错误归结到对方身上。还有些人在分手时给不出明确的分手理由，或是只给一些容易让对方觉得更像是在敷衍的借口。这些都很容易激怒对方。

二、确认分手的方式不当

许多令人难以释怀或者容易带来伤害的分手，往往源于不当的确认分手的方式。例如，很多人试图通过一条手机短信或一通电话草草结束一段感情。实际上，更合适的分手方式是双方心平气和地坦诚地面谈，给一段感情画上一个完美的句号。

三、不彻底的分手

分手之后，双方纠缠不清，时而亲密、时而疏远，也是不恰当的。这很容易带来巨大的不确定的安全隐患。

如何安全分手

分手前：做好准备

分手前，我们自己要做好各种准备，更要考虑对方的感受。

毫无征兆的理由、莫名其妙的分手往往让人难以接受。分手一定要做到知己知彼、有情有理、立场坚定。

所谓知己知彼，“知己”即确认自己是否已经下定决心要分手，“知彼”则是根据对方的性格和行为方式选择合适的分手方式。

所谓有情有理，指既要充分肯定这段感情，也要给出充分的不攻击、不伤害对方的分手理由。

所谓立场坚定，指尽可能多地预想可能出现的情况，无论如何要坚持自己的立场。

当你确定自己要分手时，若对方是一个通情达理、性格温和的人，你可以真诚地表达自己内心的真实想法以及对对方的感谢和祝福，尽可能在和平的基础上分手。

当你确定自己要分手时，若对方是一个脾气暴躁、敏感多疑且有暴力倾向的人，那么你在准备分手时需要十分谨慎。如果你认为你的分手理由对方难以接受（如“你心眼小、脾气差”），你可以换一种对方更容易接受的说法（如“我们几乎天天吵架，这让我觉得我们并不合适”），或者换一个更不易伤害对方的理由（如“我的家人不同意我们在一起，我也不想耽误你”）。

此外，还要预想可能出现的情况，并想好应对方式。例如，当对方不同意分手，并深情挽留或者勃然大怒的时候，你要事先想好如何应对。

在分手之前，可在日常的相处中，慢慢给对方一些“信号”，例如一些委婉的暗示或者渐渐地疏远，让对方在心理上有一个缓冲。但要注意把握分寸，不要演变成冷暴力。

分手时：和平分手

分手的过程中要尽可能避免冲突。分手本身是一件容易使人感到悲伤的事情，所以在提出分手时一定要尽量保证双方情绪平和。为了做到这一点，分手时也要尽量考虑天时、地利和人和。

所谓天时，指分手的时候要尽量选择一个恰当的时机。最好在双方情绪稳定、可以进行有效沟通的时候提出分手。尽量避免在某一方情绪状态不好时提出分手。

所谓地利，指分手的地点要选择好，以尽量避免潜在的危险发生。在选择分手地点的时候，如果对方是有暴力倾向的人，则尽量避免在人少的地方单独与其见面、提分手。可以选择不见面，而是通过电话、网络视频等方式真诚地沟通分手事宜。也可以和对方约在人多、有安全保障的地方沟通分手事宜。

所谓人和，指双方要心平气和、真诚沟通。如果可以的话，双方可以就分手开诚布公地沟通，尽可能地把分手对双方的伤害降到最小。在分手的时候，尽可能做到“心硬但嘴软”，不说可能伤害或者贬低对方的话。

关于分手的沟通，一定是非常艰难的。沟通时，一定要注意自身安全。如果对方反应强烈，要先保证自己的人身安全；在对方情绪稳定之后，可以询问对方什么“补偿”可以让对方好受一些。可在保证自身安全的前提下，尽可能安抚对方、满足对方的合理需求。

分手后：保持距离

分手后，保持距离很重要。不管之前的关系有多么亲密，一旦分手，两个人最好保持明确的界限。也就是说，分手之后，要尽可能做到不来往、不后悔、不纠结。

很多因分手导致的暴力事件和分手之后双方依然有许多来往不无关系。分手后双方藕断丝连，甚至保持性关系和经济往来，很容易让不愿分开的一方产生误解，以为自己还有机会，因此一直抱有复合的念头。一旦复合不成功，便有可能出现过激行为。

分手当事人从分手到释怀需要一个过程。不管是主动分手的一方还是被动分手的一方，分手后都要经历难过、痛苦，然后才能慢慢冷静、接受，直至释怀。这个过程很难，但一定要坚持。一旦决定分手，就要坚持自己的原则，和对方划清界限。分手后，互相纠缠对双方都没有好处，各自成长才是最好的选择。

分手后，务必做到“嘴软但心硬”。特别是一些因暴力分手的女性，常会因男方哭着请求原谅、复合而心软，然后重蹈覆辙。因此，在面对这类危险请求的时候，要“嘴软”，注意自己的措辞，不要激怒对方，但也要“心硬”，坚持自己的底线。

此外，还要注意不要刻意在对方面前显示自己分手之后多么快乐，甚至炫耀现任有多好。这样的行为容易刺激对方，导致对方做出极端行为。

分手后遭到报复怎么办

虽然我们在上面详细介绍了怎样分手才是相对安全的，但是我们无法完全保证所有事情都按我们的设想发展。假如我们分手之后真的遇到了被反复纠缠甚至被报复的情况，我们应该如何应对呢？

一、向亲朋好友求助

当被死缠烂打、反复骚扰，甚至有可能被报复时，我们一定要敢于求助自己身边的人，比如我们的家人、同学、朋友、同事等。

一旦我们得到了有效的支持和帮助，我们遭遇危险的可能性便会大大降低。

当我们把心里话告诉了亲友，当我们知道有人支持和保护我们，当我们相信自己不是处于孤立无援的状态，我们的焦虑、抑郁、恐惧等情绪就会得到很大程度的缓解。当情绪得到了缓解，我们也就能将更多的精力和资源放在如何解决问题上了。

另外，让身边的人得知我们的经历，对他们也是一种提醒，对他们也是一种保护。大量案例说明，分手事件中被报复的对象不仅仅是当事人，当事人的现任、家人、朋友都有可能成为被报复的对象。

二、向相关机构寻求帮助

当对方的行为严重影响到我们的正常生活、个人名誉或者人身安全，而我们感觉凭借自身或亲友的力量也难以应付时，我们应向相关机构寻求帮助。专业机构或专业人士能够借助有力的武器，从更专业的角度帮我们分析、解决问题。

值得注意的是，在被恐吓、威胁、骚扰的时候，最好将相关证据搜集好，并保存下来。例如，可以用手机拍照或是录音以保留相关证据。

三、专注解决当下问题

很多人被前任反复纠缠时，会陷入痛苦、反感、恶心、厌烦等诸多复杂的情绪。

相恋是两相情愿的事情，而分手却不一定。如果两个人都希望结束一段关系，从此一别两宽、各生欢喜，后续基本就不会出现双方纠缠不清的情况。

短时间内对方反复出现在你面前，可能是因为不明白分手的原因，暂时无法接受分手的事实；也可能是因为舍不得、不甘心，还抱有能挽回这段感情的幻想。有些人明明没想重归于好，却还是一直不肯放手，则可能是他不愿意看到曾经的伴侣分手后比之前过得好，于是想通过骚扰的手段，平衡内心的虚荣和痛苦。

想让自己从各种复杂情绪中解脱出来，最好的办法是解决当下的问题。

一旦前任开启纠缠模式，首先要弄清楚他反复纠缠的原因。他是想复合，还是单纯为了发泄情绪？如果是前一种情况，我们需要跟对方解释清楚分手的原因，表明坚决分手的态度，遇到骚扰时，尽可能屏蔽对方的骚扰。一段时间后，当对方知道再无重归于好的可能时，事情也就过去了。如果你做了回应，不管是正面的还是负面的，都可能使对方误以为还有机会，从而变本加厉地进行骚扰。同时，多和朋友结伴而行。当看到你和别人在一起的时候，对方实施骚扰的可能性就会小得多。如果可以，暂时离开被骚扰的环境，也是不错的选择。

如果来自对方的长时间骚扰已经严重影响你的正常生活，则可以求助亲友、老师或警察，采取适当措施迫使对方停止纠缠。

较为严重的情况是，分手之后被对方威胁、报复、勒索等。人身安全受到威胁的时候，很多人的第一反应常常是不知所措，然后每天在焦虑、恐惧、害怕的情绪中提心吊胆。

有些人在分手后会因爱生恨。爱恨往往是一体的。相关研究发现，憎恨和热爱这两种状态在大脑中的激活区高度重合。他仍然爱你却突然“被分手”，他会认为分手是你的错，你是突然中止这段感情的罪魁祸首，他的痛苦都是你带给他的。这种情况下，他对你的爱很容易转化为恨，不自觉地产生报复心理。这其实也是一种自我防御机制。受伤后，人们常常会不自觉地披上铠甲，抵御伤害，通过把矛头指向他人来保护自己，让自己逃离种种痛苦的情绪。

很多人还是能克制自己想要报复的冲动的。而拥有某些性格特质的人，比如上文中提到的性格偏激、控制欲强的人，则不容易控制自己的情绪，容易有报复行为。

实际上，报复行为会给行为人本身带来更大的痛苦。有很多关于报复行为的研究显示，报复者的感觉更糟。因为他需要反复思考为什么要报复、怎么报复。一次次反刍，一次次揭开自己的伤口，只会让报复者更加愤怒。而很多人在实施报复行为之后，会更加怅然若失。

更倒霉的情况是，对方有一些心理障碍或人格障碍，他不爱你，但他还是要报复你。

如果无法摆脱危险，一定要保护好自己，必要时可以随身携带报警器，也可常备一些简易的防身器具以防万一。

另外，向周围的人诉说你的经历，与朋友、亲人谈论你的处境和感受，对减轻你的压力至关重要。

一定记得，遇人不淑不是你的错，别怪自己看走了眼。很多时候，是坏人太善于伪装。不要用坏人的错误来惩罚自己，也不要因此怀疑自己爱人和被爱的能力。事实上，我们反而应该感谢分手，因为分手可以让我们看清坏人的真面目。也只有这样，我们才可能找到一个更值得信任的人。

四、寻求专业的心理支持

曾经与你如胶似漆的恋人如今和你反目成仇，做了很多伤害你和你身边人的事，你肯定难以接受。当亲友的安慰和陪伴或者自我疏导都难以解决心理上的困惑时，你可以选择求助心理咨询师。

心理咨询可以在修复心理创伤、重建对生活的信任和希望上，为你提供更专业的帮助。

心理咨询师可以和你一起承受“不安全分手”所带来的创伤之后的焦虑、抑郁和恐惧等情绪，可以和你一起面对这段并不愉快的经历。心理咨询师一方面可以给你情感上的支持，一方面可以帮你重拾对生活的信心。

第 9 课

Lesson Nine

产后抑郁轻松自助指南

本文作者：王小凡　蒋欣玥／专业指导：徐凯文

什么是产后抑郁

2019年7月27日，山东济南某小区一名28岁的年轻妈妈在凌晨时分从12楼跳下，当场身亡。据邻居称，该女子疑患有产后抑郁，孩子刚刚两个月大。短短3天之后，也就是2019年7月30日，湖北十堰某小区的一名女子，因为产后抑郁，从27楼跳下，当场身亡。

这样的新闻屡见不鲜。产后抑郁就在我们身边。

据相关资料显示，我国产后抑郁的平均发生率为14.7%。也就是说，在我国，每100个产妇当中，大约有15个人会发生产后抑郁。而在欧洲国家，产后抑郁的发生率为7.73%。不同地区，产后抑郁的发生率也不一样。比如，上海的产后抑郁的发生率和广州的产后抑郁的发生率完全不一样。

世界卫生组织在相关报告中指出，产后抑郁是女性生育期最具致残性的疾病，其严重程度仅次于艾滋病。1968年，精神病学专家布莱斯·皮特在《英国心理治疗》杂志上首次正式提出产后抑郁症的概念——特发于女性产后这一特殊时段的抑郁症。产后抑郁症和产后精神病、产后心绪不宁同属产褥期精神综合征。当然，只有严重的产后抑郁才可能发展为产后抑郁症。典型的产后抑郁通常发生在产后6周内，其中绝大多数发生在产后2周左右。

关于产后抑郁，我们有哪些误区

误区一：产后抑郁是一种“公主病”

很多人认为，产妇情绪不稳定是因为太矫情，产后抑郁是一种“公主病”。

其实，随着社会的发展，产后抑郁越来越普遍。这种情况是由多种因素导致的。

首先是生理因素。在孕产期女性体内激素水平变化非常显著。在妊娠期，女性体内雌激素水平会大大增高。而在产后，女性体内的激素水平会快速恢复至产前水平。这种激素水平的变化，与女性产后抑郁的发生有很大的关系。

其次是心理因素。比如，新手妈妈不知道如何应对新生宝宝，缺少照顾新生宝宝的经验，从而可能在心理上产生不适应，从而发生产后抑郁。再比如，有研究表明，女性童年期的负性生活经历与产后抑郁有很大的关系；童年期遭受过性虐待的女性更容易发生产后抑郁。

最后是社会因素。比如，由于缺少亲人的理解、陪伴和支持，产妇可能发生产后抑郁。有研究表明，丈夫和婆婆将所有精力都放在孩子身上，缺乏对产妇的关心，更有可能导致产妇发生产后抑郁。

因为这些情况，产后抑郁的发生率将大大增加。我们务必对产后抑郁引起重视。产后抑郁真的不是产妇的“公主病”。

误区二：产后抑郁就是产妇心情不好而已

由于缺乏心理学方面的知识，很多产妇的家人都觉得产后抑郁是所有产妇都会遭遇的“正常状况”，因此常常不会将其放在心上。虽然大多数产后抑郁会在几周内好转，但也有20%左右的产后抑郁发展成为严重的抑郁症。产后抑郁症如果得不到及时的关注和干预，可能会导致更严重的结果。

因此，如果发现自己或者家人有产后抑郁的倾向，一定要高度重视，并及时干预，否则不仅会影响产妇的健康，而且会对孩子的成长产生不良影响，甚至会影响整个家庭的幸福，造成不可挽回的后果。

误区三：有过生产经验的产妇不会有产后抑郁

很多人觉得有过生产经验并且此前未有过产后抑郁情况的产

妇不会发生产后抑郁。实际上，有过生产经验的产妇同样有发生产后抑郁的可能。另外，当遇到突发状况时，经产妇更容易情绪波动，从而发生产后抑郁。

误区四：没有明显症状就没有产后抑郁

因为各种原因，很多人认为抑郁见不得人，担心别人认为自己有心理问题，而不愿去看医生。在这种情况下，很多发生产后抑郁的产妇会很努力地掩饰自己，让自己看起来没有什么问题，并会刻意在别人面前表现出乐观和积极的一面，每天也会认真地照顾孩子，但内心其实非常煎熬。

误区五：男性不会发生产后抑郁

很多人认为产后抑郁是女性的专属，但是有时候男性也有可能发生产后抑郁。对于新生宝宝的降生，无论是妈妈还是爸爸，都会因此在心理上背负一定的压力。这些压力，比如经济压力、养育压力等，都有可能导致男性在妻子生产后出现情绪问题，甚至发生产后抑郁。

罹患产后抑郁的信号

一、情绪上——情绪波动明显

产后抑郁最为明显的症状就是情绪低落，没精打采，容易哭泣，极度郁闷，常因为各种事情发脾气。而且，与正常的情绪低落不同的是，产后抑郁导致的情绪低落常常无缘无故，并且会持续很久。

二、身体上——容易疲倦、睡眠质量差

产后抑郁最常见的症状是容易疲倦、睡眠质量差，同时可伴有其他身体反应，如心率加快、恶心、头疼、泌乳量少等。而且，与正常的疲倦不同，发生产后抑郁的人即使什么都不做也会感到疲倦。

三、认知上——自我评价降低

发生产后抑郁的产妇往往对孩子的健康太过焦虑，孩子哪怕只是出现了一点小问题，也会因此小题大做，甚至十分自责，怪自己没有照顾好孩子；在生活中容易自暴自弃，自罪感十分强烈；对身边人充满敌意，常因一些小事与家人发生矛盾；对生活缺乏信心，觉得生活没有意义；等等。

如何预防产后抑郁

一、提前防范

如果产妇过去有抑郁症病史，或者产妇的家庭成员中有抑郁症患者，那么产妇很有可能发生产后抑郁，一定要有防范意识。

二、充分休息

过度劳累，缺少睡眠，会导致大脑的控制功能减弱，负面情绪增多。产妇因为要照顾宝宝，常常睡眠不足。殊不知，充足的休息是非常重要的。产妇在爱孩子的同时，也要学会爱自己。只有自己的状态好了，我们才能给予孩子更好的爱。

三、学会倾诉

倾诉本身就是一种释放情绪的方式。在我们倾诉的时候，来自对方的反馈会让我们从另外的角度了解自己的不合理认知。多与人倾诉，可以避免负面情绪的过度累积。同时，倾诉还可以让我们增加与外界的联结，减少孤独感。这些对于预防产后抑郁都非常有效。

四、适当运动

生孩子是一件需要消耗很多体力的事情。女性产后特别虚弱，在补充营养的同时，还需要适度的运动。运动除了可以增强体质外，还可以让身体释放多巴胺，从而有利于减少消极情绪、增加积极情绪。产妇可以选择散步、瑜伽等运动。

发生产后抑郁怎么办

天天对着孩子哭，缺奶会哭、吃不下饭会哭、起夜喂奶太冷会哭、看见孩子爸爸不耐烦的表情会哭、因为担心自己落下月子病也会哭……这些都是产后抑郁的表现。随时都想哭，却又不知道究竟为什么而哭，很多产妇都有这样的困惑。另外，产妇可能还会有这样的表现：有时候听到孩子哭也不想去哄，反而觉得很烦；有时候又特别担心宝宝，担心到睡不着。总之，对发生产后抑郁的产妇来讲，生活充满了莫名其妙的委屈、永无止境的泪水、无限循环的自责……

把事情往好处想

很多事情失控，不是因为你做得不好，而且每个人都或多或少有做得不好的时候。你想哭、想发脾气，也许只是因为激素在作怪。如果心情不好，就让自己暂时离开当下的环境，可以上街逛逛、找闺密聊聊天。记住，一切事情都可以解决。乐观一点，把事情往好处想。这样做不只是为了你自己，也是为了宝宝。

多做放松训练

在这里，我们介绍两种放松方式。

第一种是腹式呼吸。不同于我们平时的胸式呼吸，腹式呼吸是以膈肌的运动为主，通过有意识地延长呼吸时间，增加腹部起伏，从而进行深长而且缓慢的呼吸。腹式呼吸操作简单、安全可靠，是一种非常适于孕产妇的自我调节方式。

腹式呼吸强调慢、长、深，1分钟内的呼吸次数尽量控制在5～6次。具体的操作方式很简单。首先，想象你的丹田处有一个“小气囊”。其次，用鼻子深深地吸气，让空气通过胸部直至腹部，再到这个“小气囊”里。这个时候，小腹会微微向外凸出。最后，深深地吐气，把“小气囊”里的空气通过鼻子呼出，直至小腹平坦。采用仰卧姿势，在双膝下方垫上抱枕（枕头），双手重叠放在腹部感受气息的流动，能更容易地掌握腹式呼吸的方式。

第二种是有氧运动。进行适量的有氧运动，能有效缓解因长期卧床或者不运动而产生的焦虑情绪。散步、瑜伽、健身操等都是不错的选择。

写感恩日记

写感恩日记是由著名积极心理学家塞利格曼等人提出的一种用于提升幸福感的训练方式。他们通过研究发现，书写1周感恩日记，就可以明显降低个体的抑郁症状水平。而心理学家罗伯特·埃蒙斯等人也发现，书写3周感恩日记可以显著增加积极情绪，改善睡眠质量。

你可以感恩过去，用感激的心态看待过去的经历，无论是好的还是不好的经历。

你可以感恩自己，不去问自己有什么错，而是问自己对在哪里，感恩自己的优势和美德。

你可以感恩伴侣，关注对方的优点，感恩他为你所付出的一切。

你可以感恩已经拥有的生活。

任何事情都可以写到感恩日记中，即使是最简单的想法和经历也可以。感恩日记不需要写太长，短短几句话就可以。

寻求社会支持

社会支持主要包括工具性社会支持和情感性社会支持两类。

寻求工具性社会支持指向别人寻求具体的建议或物质、资金上的帮助。比如，经济困难时向朋友借钱，就是在寻求工具性社会支持。

寻求情感性社会支持是指向别人寻求鼓励、安慰、同情或者理解等精神层面的帮助。比如，心情不好时找最好的朋友倾诉一下，就是在寻求情感性社会支持。

及时有效的社会支持对于缓解产后抑郁至关重要。如果发现自己患有产后抑郁，一定要多向身边的亲人和朋友以及专业人士寻求支持，千万不要自己一个人默默承受。

最理想的状态是找到最信任、最关心你的一两个人，坦诚地向其诉说你的烦恼。

需要注意的是，为了让他人更好地帮助你，你需要尽量讲清楚你的需求，而不仅是诉苦和抱怨。你要告诉他们，你希望他们如何帮助你。

比如，你觉得很累，可以告诉他们："我想休息一会儿，你帮我给孩子换纸尿裤好吗？"

比如，你可以告诉他们不要在你情绪不好的时候与你争论："我不是尖酸刻薄、消极易怒，激素水平的变化带来的生理变化让我实在难以自控，请多包容我一些。"或者，你也可以这样表达自己的需求："当我难受的时候，我希望可以找到你。"

寻求专业人士的帮助

如果发现自己的情绪问题很严重，已经无法通过宣泄来缓解，一定要及时寻求精神科医生等专业人士的帮助。抑郁症并非简单的心理问题，也涉及生理上的问题。因此，如果发生严重的产后抑郁，一定要及时寻求专业人士的帮助。

第10课

Lesson Ten

被出轨后，女性如何应对

本文作者：刘京文　木木／专业指导：宋歌

尴尬的“三角危机”

我们从小到大听过许多不同版本的“王子与公主”的故事。这些故事本身虽然存在诸多差异，但其结局大致类似——“王子和公主过上了幸福的生活”。那么，再然后呢？这样的故事常常也会有一个悲伤的后续结果。

公主与王子幸福地生活在一起。很快，公主诞下一位小王子。一家三口的生活甜蜜而又温馨。王子每天在外勤劳地工作，只为让家人不愁衣食。公主只希望这样的幸福生活可以永远地持续下去。

一天，公主和闺密一起去逛商场。正当公主无忧无虑地试衣服时，闺密忽然一把将她拉到一个角落，并指着不远处说：“那不是你家王子吗？他怎么跟别的女人在一起？”

公主一时间不知所措，却又故作镇定地对闺密说：“你不要一惊一乍。我们家王子说他今天要陪一个重要的客户。他们不就是一起逛逛街，不用大惊小怪！”实际上，盯着王子那熟悉的身影，公主不敢细想下去。

公主拿出手机打给王子，问他什么时候回家。王子回复：“亲爱的，我还在开会，今晚可能要留在公司加班了。”

公主完全没有想到，自己的婚姻也会遭遇这样的尴尬。

当亲密关系中的两个人之间出现了第三者，一切都将变得混乱。被出轨者所面临的不仅仅是伴侣的背叛。在这样的困境中，伴侣双方将如何看待和对待这个第三者，他们又将如何看待彼此？被出轨者一方面十分怨恨第三者，一方面又渴望更多地了解第三者，当然也会因此指责伴侣。总之，一切都将变得错综复杂。

被出轨者一般会感觉身心俱疲，非常煎熬。

被出轨者有时候会无意识地拉拢孩子，想让孩子为自己出气，或者让孩子做两难选择。但这是家长之间的问题，孩子不需要为此负责。

“三角危机”对被出轨者的影响

在心理层面，被出轨者会经历一系列心理起伏

首先是震惊和痛苦

如本文开头的故事所讲的一样，公主没有料到，自己的丈夫、孩子的父亲，居然会有别的女人。当闺密提醒她时，她的第一反应是震惊。随后，她陷入了无尽的痛苦之中。

其次是抗拒，不相信“自己被出轨”的事实

如果我们不承认，某些事情似乎就不存在。这是我们保护自己的本能。公主简直不能想象，自己的王子会爱上别人。所以，她总觉得，其中一定有误会。否认和抗拒，可让公主暂时不那么痛苦。但这种保护形同虚设。

再次是严重的不安全感

王子撒谎说自己在公司开会，实际上却和别人在逛商场。这个事实，让公主的否认机制失效。公主彻底崩溃，一遍一遍问自己生活为何如此艰难。与第三者有关的情景，在公主的脑海里不停上演。公主越是不想去想，越会胡思乱想。

研究显示，如果我们一直压抑某些想法，反而会让它们出现得更频繁。这就是所谓的“回跳效应”。马蒂·霍洛维茨教授把它称作“入侵式回忆”。这种现象会给人带来巨大的不安全感与不可控感。

最后是愤怒与无助

当初，王子和公主两个人互相许诺会一生相爱，而王子却中途食言。被抛弃的感觉如此强烈，公主一方面再也无法信任王子，长时间沉浸于被欺骗的痛苦和对王子的愤怒与怨恨中；另一方面，她开始怀疑自己的价值，感觉自己不够好，全方位输给了第三者。当信任感和价值感双重缺失，愤怒与无助感便层层袭来。

在财务层面，被出轨者常常因为经济因素使选择受限

面临突如其来的信任危机，被出轨的女性常常会思考：如果失去这段关系，我接下来要如何维持生活；如果还要带着孩子，我是否有足够的经济能力。

本文开头所讲的故事里的公主，因为家庭牺牲了自己的事业，经济上主要依靠王子。这种情况在现实生活中很常见，女性经济独立的空间常被挤压得很小。

男女双方靠曾经的信任建立起来的不平衡的经济关系，会令许多女性在“三角危机”中倍感无力与被动。

在生活层面，受损的亲密关系更是令人压力倍增

亲密关系在每个人的生活中都扮演着重要的角色，它关系着我们日常生活的方方面面。被出轨者将要面临来自四面八方的压力，例如，是否要将真相告诉自己的亲人，亲人能否承受这么大的冲击，别人知道以后会如何看自己，等等。这一系列难以确定的问题将令人十分困惑，甚至会影响当事人正常的社交。此外，因为还要面对生活在同一个屋檐下那么久却一直在欺瞒自己的伴侣，被出轨者不安的感受将更加强烈。

“三角危机”的预警信号

信号一：争执越来越多

吵架，是伴侣间产生矛盾最常见的诱因之一。对很多伴侣来说，吵架已经成为家常便饭。当双方沟通的形式只剩下指责、谩骂、抱怨和据理力争，那么吵架就会成为一种“纯粹的宣泄”。宣泄会掩盖我们内心真实的需求和想法，也会妨碍我们真正了解对方的内心，从而会让彼此的心理距离越来越远。当然，争执带来的不一定总是负面影响。但当争执越来越多，伴侣之间心平气和的沟通无疑将会越来越少。

信号二：家庭氛围越来越冷淡

正如上面所讲，争执会带来比较明显的负面影响。那么，没有争吵是不是就万事大吉了呢？事实上，有一种暴力叫作冷暴力。当伴侣不愿意跟你分享心里话，不愿意跟你有过多的亲密接触，如眼神接触、肢体接触等，那么这样的亲密关系也就有名存实亡的危险了。

信号三：性生活越来越不和谐

大多数的亲密关系都离不开和谐的“性生活”。性生活是亲密关系中最重要的一环。如果伴侣双方都对性生活有所期待，但性生活越来越不和谐，那么危机可能也在悄悄降临。

信号四：出轨方的反弹式热情

有的警告信号常见于危机之前，有的则发生在危机之后。伴侣若已经出轨，常会因为承受不住“愧疚”带来的心理压力，出现短暂的“反弹式热情”，如给被出轨者物质补偿、满足被出轨者的各种需求等。出轨一方这样的行为可能会让被出轨者感到困惑，或者犹豫——是否应该重新选择相信对方。实际上，出轨一方看似悔过的表现，有时可能是为了掩人耳目。

女性大众视角对出轨的误解

误解一：伴侣的出轨对象，一定更年轻、更优秀

人们常常下意识地认为，伴侣的出轨对象一定更年轻、更优秀。

事实是，当出轨者感情发生转移时，一般不会以外在的条件来选择出轨对象，而是会基于某种真实的心理需求做选择，如沟通更顺畅、可得到更多支持、让自己感觉更心安、让自己感觉更放松等。

从本质上看，这种误解源于长期以来女性本身被“物化”的社会价值取向。实际上，女性作为一个鲜活的人，不仅拥有性别、外貌、学历、家世和社会地位等外在特征，而且具有生动的思想、丰富的情感、独立的个性等内在物质。

误解二：把伴侣看紧点，他就不会出轨

“安全”和“自主”是双方在亲密关系中最重要的两大需求。有足够的安全感和亲密感，却无法获得足够的自主感时，身处亲密关系中的个体会有强烈的被控制的感觉，继而就会产生逃离的冲动，甚至愿意为此牺牲安全的需求。也就是说，亲密感有时反而会破坏亲密关系。

误解三：只有被出轨者会受到伤害，出轨者通常没事

被出轨者掉入出轨事件的旋涡中时，将感受到非常大的冲击，体验到非常多的伤害和痛苦。“被出轨”的体验，会让当事人倍感屈辱，没有选择的余地。因此，被出轨者确实是出轨事件最大的受害者。

但是，出轨者往往也不能免于伤害。出轨通常在道德层面是不被大众所接受的，会面临很多谴责和讨伐。因此，出轨者在道德层面会背负很大的压力，甚至会怀疑自己“是否是个好人”等。这种感受或认知，会造成出轨者自我价值的降低。

所以，出轨事件通常会以两败俱伤收场。

误解四：出轨是感情的破裂，爱情的终结

很多女性对于伴侣出轨，会背负沉重的感情负担，认为从此关系破裂、不可修复。

这是一种刻板印象，像是一种“一个人在成年后就会固定不变”的执念，而忽略了人自身发展的可塑性。要知道，人格不会一成不变，尤其是在心理学人的眼里，每个人都有人格再次重塑和继续成长发展的可能。

所以，出轨可以看作对感情的重新审视，对爱情的继续理解，也是为自己的再次成长提出一道考题。

女性被出轨后可能面临的心理危机

根据相关机构所做的《2016年中国人出轨态度调查报告》，在68119个受访者中，60.2%的男性和38.1%的女性曾经出过轨。可见，出轨是一个普遍存在的社会现实，几乎是我们躲不开的议题。

被出轨的当事人可能面临的心理危机包括以下几方面。

一、自恋受损

据说，“自恋”这个概念源于古希腊神话里的美少年那耳喀索斯的故事。自恋即“自己爱自己”。“健康的自恋”是每个人都需要的。比如，每个人都需要相信自己是可爱的、自己是有价值的、自己可以给别人提供帮助、拥有爱自己及别人的能力、自己值得被别人爱等。这就是健康的自恋。

而在出轨事件中，被出轨者可能会感觉“自己不够好”“自己不可爱”等。这种体验会引发深层的羞愧感，损伤当事人健康的自恋。

二、信任感降低

在亲密关系中，关系双方之间的信任感一直是一个关键的因素。我们在亲密关系中能够真正信任对方时，才会逐渐向对方表露真实的自己。只有在安全且充满信任的关系里，我们才会敞开心扉，也才能体验到当下这段关系带给我们的安全感和自主的空间。

而当伴侣爱上了别人，亲密关系的亲密感被破坏，这段关系原有的安全感也会崩塌。因为这样的伤害，被出轨者在以后的生活中，不敢再轻易向任何人展露真实的自己，对他人、对自己的信任度都会大幅降低。

被出轨后，如何抉择

结束这段关系，还是继续维持？这是大多数被出轨女性都会面临的选择题。不管如何选择，都不容易。了解一下那些可能会影响我们做抉择的因素，我们或许能更好地思考这个问题。

一、我们内心最真实的想法

被出轨者在“三角危机”中难免会有一些复杂的感受，比如伤心、委屈、愤怒、无助、怨恨等。

每一种来自内心的感受都是很重要的，都值得被看见和好好回应。与此同时，面临“三角危机”时，我们可以多问问自己“什么对我来说是最重要的”“我期待怎样的生活或关系”等。像这样允许自己有机会去联结内心深处的自己，或许能让我们在混乱的当下，找到内在那颗安定的种子。

二、继续维持当下的关系将面临的挑战与希望

当伴侣出轨时，如果选择继续维持当下的关系，我们可能要面对很多问题，比如，缺失信任感、对方可能再次出轨、关系可能无法修复等。伴侣间能充分而坦诚地沟通这些问题，将更有助于关系的修复。沟通时，被出轨者要表明自己的态度，同时要让对方清楚如果对方不愿改变可能面临的后果。

这一选择的本意是希望破镜重圆、重归于好。

三、选择结束当下的关系将面临的挑战与希望

当伴侣出轨带给我们的冲击让我们无法忍受时，选择结束当下的关系也是明智的。

与此同时，选择结束一段关系，我们可能会面临各种各样的挑战与困难。比如，基于心理层面、法律层面、生活层面、财务层面、家庭关系层面的各种问题，我们可能要好好思考一下应该如何处理。更重要的是，很多问题的处理仍需要双方共同参与。

当然，结束一段不健康的关系，确实能让我们尽快开始新的生活。这一点毋庸置疑。

身陷“被出轨”的困境时如何自助

无论我们处于抉择的哪个阶段，无论我们做了怎样的选择，我们总有获得支持的权利与方法。

安顿身心，联结内心的声音

面对“三角危机”时，理性做决定实际上很困难。我们可以先让身体停下来，不再让身体成为“工具”——在大脑指挥下，去处理各项工作和生活事务的工具。单纯地让我们的身心停下来，是一个合适的开始。具体来讲，我们可以按以下几点来做。

1.可以给自己安排一些具体的容易做到的小事，比如，看自己喜欢的电视剧、穿上跑鞋出门跑步、早晨起床后给自己煎一个蛋等。事情越小，我们越容易做到。通过这样的方式，我们可以转移自己的注意力，找到自己关爱自己的感觉。

2.尝试正念练习。可以借助正念引导视频或音频，以打开自己的视觉、听觉、触觉、嗅觉、味觉，感受自己身体当下的感觉，从而更好地安顿自己。

3.给情绪一个空间。遭遇“三角危机”，被出轨者难免会有愤怒、委屈、怨恨等负面情绪。任何情绪尤其是负面情绪都需要一个出口，否则我们将深受其害。事实上，如果我们能正确识别情绪并给每一种情绪起一个名字，比如这种情绪叫作“愤怒”，“愤怒”后面还藏着“委屈”，混乱的情绪就会得到梳理，甚至会慢慢疏解。

寻找可获取的直接支持

1.找人倾诉。寻找自己情绪表达的倾听者，选择合适的人选。例如，倾听者不会打断自己的话，能够给到正向支持等。

2.找到一种支持方式，可以让自己保持一日三餐及作息规律。例如，选择外卖或是有家人可以为自己做饭，录制喜欢的声音叫自己起床、提醒自己睡觉，等等。

3.任何能想到的可以使用的资源，把它们写在列表上。

寻求专业人士的帮助

如果发现自己的社会支持资源不足，或不能让自己获得身心上的安顿，我们可以尝试求助专业人士，如心理咨询师、精神科医生等，以获取有效帮助。

试着做出选择

被出轨者拥有主动选择的权利，既可以选择留在关系里，也可选择离开。能主动选择，意味着我们可以看到自己的需求，并有力量去应对。

在不期而遇的“三角危机”里，有许多人会选择继续留在关系里。相关研究显示，在“三角危机”中，有60%的被出轨者最初会选择离开，但其中只有不到25%的人最终会选择终止关系；只有10%的出轨者会选择离开原来的伴侣，和第三者在一起。

1.如果选择留在关系里，那么可以尝试修复当下的关系并重新开始。具体来讲，可以这么做：向伴侣（出轨者）提出自己的需求，如让出轨者真诚道歉等；坦诚地和伴侣谈论自己的感受；试着了解双方的需求，重塑互相之间的信任；在不委屈自己的情况下，尝试更多可以修复关系的方法；等等。

2.如果了解自己真正的需求后，不想继续下去，也可以选择结束关系。那么，接下来要做的事情有寻求律师的帮助，争取合法的权益，以及好好规划以后的生活。

关注身心，打开成长之门

面对“三角危机”，无论做出何种选择，我们都应卸下心理包袱，开始新的生活。我们可以通过以下方式，打开自己的成长之门。

1.阅读自己喜爱的书籍，和作者进行一段心神的对话与交流；或看一场疗愈的影视剧，与剧中人物深切共鸣、共同疗愈。

2.找寻与自己价值观相似的同伴与群体，获得现实中真实的人际体验，得到慰藉与扶持。

3.投入一段新的工作，发展个人能力，全身心地体验纯粹的、“只为自己”的付出。

4.打开身体的限制，投入地去感知自己。例如，参加羽毛球俱乐部、室外瑜伽团体等。与自己的身体对话，获得跟身体的深度联结。

5.参加主题互助小组或成长团体。例如，“三角危机”互助小组、亲密关系成长团体等。在有经验的团体带领者的见证下，在与他人的密切交流与互动中，认识更多的人生样貌，更加温柔地对待自己，也打开自己看待人生的视角，给自己更多的可能。

伴随痛苦而来的成长机会

有研究显示，无论是受过高等教育的精英，还是从贫民窟走出来的普通人；无论我们曾经风光万丈，还是一度碌碌无为，最终决定我们内心是否有充足幸福感的，是我们与周围人的关系。“良好的关系”之于幸福感的重要性可见一斑。

如何获得良好的关系呢？答案是“先了解自己”。

毕竟，懂得了自己，获得“自洽”（自己跟自己相处得舒服自在），那么在向外与他人建立关系时，我们才有机会获得“他洽”（跟他人相处得舒服自在）的可能。

“三角危机”，是一个重大事件。“三角危机”的警钟响起时，我们也得到机会停下急速前进的脚步，试着了解自己、了解自己真正的需求。当身体驻足时，我们也许才能等到灵魂的脚步。

一、了解自己的感受并学会表达它们

本文开篇提到，“三角危机”带来的最大困境，是感受的旋涡。感受，在一个人的成长中至关重要。在心理行业，一个人是否拥有与事件相匹配的感受，甚至被当作判断心理健康的重要标准。但我们很多人在成长过程中，没有机会认真体验自己的感受，并接纳它们的存在。很多人在成长过程中，经常收到“不许哭，哭有什么用”的反馈，而在用语言表达愤怒和委屈时，又没有等来倾听和安慰。

因此，一个人可以在难过的时候哭泣，在愤怒的时候生气，在恐惧的时候坦言害怕，在高兴的时候开怀一笑，不怀疑自己的感受，不评判自己感受的对错。这都将是非常宝贵的体验。

在被出轨的过程中，无论有什么感受，尝试识别它们、倾听它们、表达它们，我们才有机会找回自己本来的力量。

二、再次了解自己的亲密关系，并试着重新看待自己的亲密关系

每个人都是不同的，都有自己独特的想法和行为习惯，都有属于自己的价值观和看待人生的视角。所以，两个人相遇、相知、相爱时，就意味着要去了解彼此、靠近彼此。

但是，这个“靠近”过程十分艰难。这意味着，彼此都需要

让出一部分“自主”的空间，来成全对方的需求。

有些时候，我们可以将“三角危机”当成一个重新看待或审视我们的亲密关系的机会。

三、向心理咨询师或心理治疗师求助，开启全新的个人成长之旅

我们可以试着在心理咨询师或心理治疗师的帮助下，通过“三角危机”带来的机会，去直面情绪和关系议题，以开启全新的个人成长之旅。在“自洽”和“他洽”之间做了充分的探索后，我们也许更有机会为建立一段新的关系做好准备。

请注意，新的关系，不一定意味着要换一个伴侣。即便是现在的伴侣，借由个人成长的契机，我们也可以与其开启一段新的关系。因为，当安全感和价值感被修复，当有能力用新的方式获得亲密感和自主感，即便是和原来的伴侣，我们也完全有可能开启一段全新的关系。

第 11 课

Lesson Eleven

安全离婚，远离风险隐患

本文作者：艾萌 / 专业指导：宋歌

离婚，无法回避的议题

美国的一项长期研究发现，67%的初婚夫妇会在结婚后40年内离婚；结婚后头7年是离婚的高发期，有一半的离婚事件发生在这段时间；二婚的离婚率比初婚的离婚率高10%。

相关数据表明，我国的离婚率连续15年呈增长趋势，2019年高达3.6‰。

我们可以这样认为，离婚这件事，在我们一生中，一定会发生在我们身边的人身上，也极大可能发生在我们自己身上。

基于这样的现实，离婚已成为现代女性必须好好思考的议题之一。与此同时，离婚作为女性婚姻生活中仅次于丧偶的重大生活事件，获得的社会支持相对较少。社会文化倾向认为“婚姻存续”是优于“婚姻结束”的。相关数据表明，超过一半的离婚亲历者认为“离婚是对家庭不负责任的表现”或“离婚是一件羞于提起或公开的事”。

因此，离婚很有可能成为创伤事件，尤其是对于女性。

对于离婚这件事，我们希望所有女性都能获得做出决定的勇气和应对困境的智慧。婚姻可以失败，但人生不可以失败。

离婚的流程与安全

离婚，大致可以分为3个阶段。

一、做出离婚决定的阶段

这个阶段可能是最困难的阶段。做出离婚的决定之前，常会经历来自生理层面、心理层面和社会层面的各种挑战。当事人的身体、情绪、睡眠、人际关系都有可能受到严重影响。同时，这个阶段也是当事人最需要建议和支持的阶段。

二、实施离婚行为的阶段

离婚，从法律角度来说，是夫妻双方依照法律的规定解除婚姻关系的行为。在法律层面，夫妻双方在离婚过程中要解决的核心问题主要有财产分配和子女抚养两个问题。

这个阶段，如果条件许可，可以寻求专业人士的帮助。

三、离婚后规划新生活的阶段

开始一种新的生活并非易事。在这个阶段，很多当事人会经历一系列生活秩序重建和心理重建的过程。社会适应性和心理适应性较好的人，可以很快度过这个时期，开启全新的人生篇章。

安全离婚，主要包括3个层面的内容。

一、人身安全

有些婚姻结束的时候，尤其是有家暴历史的婚姻，存在威胁当事人人身安全的风险。如有必要，应尽早寻求帮助、搬离住所、在朋友或家人的帮助下处理相关事宜等。如果已有伤害发生，一定要及时报警，或寻求其他社会帮助。

二、财产安全

绝大部分婚姻结束时，都会伴随家庭财产的分配问题。对于财产分配的问题，双方如果有分歧，可通过法律途径解决。

三、情感安全

少数情况下，婚姻的结束可能会给当事人带来非常严重的甚至毁灭性的情感创伤，例如：有的当事人将终生抗拒亲密关系，无法进入下一段亲密关系；有的当事人性情大变，人格稳定性被破坏；有的当事人余生都活在失败的阴影中；等等。必要时，寻求专业的心理工作者的帮助是很好的解决方式。

关于离婚的常见误解

研究亲密关系的学者和临床工作者约翰·戈特曼在其著作《幸福的婚姻》中，将关于离婚的误解分成7类。

误解一：外遇是离婚的根本原因

离婚的原因往往并不是外遇。导致外遇的因素有时来自婚姻本身存在的问题。这些问题导致当事人去婚姻关系之外，寻求所需要的亲密关系。大多数有婚外情议题工作经验的婚姻治疗师发现，婚外的幽会往往与性无关，更多在于寻求友谊、支持、理解、尊重、关注以及关心等本应存在于婚姻关系里的东西。

误解二：离婚是因为彼此不会沟通

不幸的是，即使双方都努力地提升自己的沟通能力并认真践行（虽然很难做到），沟通本身也只能使冲突的程度或频率降低，而不会使人对婚姻更满意。有些夫妻通过“避免雷区”的方式避免了争吵和冲突，但这只是降低了婚姻的不满意度，并不会使婚姻的满意度更高。

误解三：离婚是因为“这个人不行，有人格问题”

研究表明，普通的神经症（焦虑症、强迫症）或人格问题（偏执、自恋、边缘等）与爱情失败之间的联系不大。原因在于，我们都有不能完全理性对待的问题，但这些问题并不必然对婚姻造成干扰。幸福婚姻的关键不是要有一个“正常的”人格，而是找到一个与你合得来的人。

误解四：有共同的兴趣爱好就不会离婚

共同的兴趣爱好能否将你们拉到一起，取决于在追求这些爱好时，你们是如何配合的。一对热爱运动的夫妻可能一起健身，他们笑着、交谈着，关注他们共同感兴趣的东西。他们对运动的热爱，丰富并深化了他们彼此的爱好和兴趣。另一对夫妻也许同样喜欢运动，但他们并不像前一对夫妻一样彼此尊重，常常争执究竟如何运动才是对的，或是互相竞争与贬低。兴趣爱好可以提供一个夫妻共舞的舞台，但最终决定结果的，还是他们如何舞动。

误解五：互相示好可以让婚姻更好

有些研究者认为，幸福婚姻与失败婚姻的不同之处在于，在幸福的婚姻中伴侣们会互相示好。换句话说，他们用微笑回报微笑，用亲吻回报亲吻。这种看法的本质是，夫妻之间有一个不成文的协议，这个协议能够给任何一个说好话或做好事的人以补偿。而在不幸的婚姻中，这种协议已经失效了。因此，这些夫妻的生活中充斥着愤怒与怨恨。只要让在困境中挣扎的夫妻，意识到他们需要一些这样的“合作协议”，这个理论就能得以实行，夫妻间的互动就会修复。

这种补偿经营在不幸的婚姻中确实存在。但在这样的婚姻中，每个人都觉得有必要去记账，看谁为谁做过什么。而幸福婚姻中的夫妻不会在意对方是否会给自己补偿，他们这么做是心甘情愿的，他们对配偶以及婚姻有信心。如果你发现自己正对配偶的一些问题斤斤计较，这就意味着这些问题是你们婚姻中的紧张区域。

误解六：回避冲突/实话实说会毁掉你的婚姻

不同夫妻的冲突风格截然不同。有一些夫妻会不惜任何代价避免争吵，有一些则经常争吵，还有一些能详细讨论他们的分歧，并在无须大声争吵的情况下找到折中的办法。没有哪一种风格必然比另一种好，只要这种风格能对两个人起作用就好。

误解七：男人天生就是爱“播种”，所以会出轨

大自然存在一种弱肉强食的法则：雄性希望创造尽可能多的后代，因此它忠诚于任何一位配偶都是肤浅的；同时，雌性担负着巨大的责任，要照料幼小的孩子，寻找能够为它与它的孩子提供好生活的雄性。但是，不管其他物种遵从什么样的自然法则，对人类来说，婚外情的发生并不取决于性别，而更多地取决于机会。

该不该离婚

婚姻亮起红灯时，是否要离婚，可能是很多人的困惑。

在决定结束婚姻之前，绝大部分人都会经历相当长的挣扎、纠结和痛苦。

很多人会百般思考：“我准备结束这段婚姻，这到底意味着什么？”“离婚后，我失去的只是一段婚姻，还是我的人生？”

每个人对婚姻的期待都是不一样的。同样的一段关系，有的人觉得无法忍受，有的人可能会觉得完全没问题。所以，“到底该不该离婚”并没有标准答案。但是，如同面对任何其他重大的人生大事一样，我们必须自己做出决定。

当然，婚姻质量是可以基于不同的维度来进行综合评估的。我们可以根据下列问题，对自己的婚姻关系做一个粗略的评估。

1.你非常了解你的伴侣吗？

2.你仍然非常喜欢你的伴侣吗？

3.你们足够亲近吗？

4.你愿意让伴侣影响你吗？

5.你们的冲突相当“温和”且你们都非常“易于妥协”吗？

6.你们的关系可以“带病坚持”吗？

7.你们有共同的人生目标吗?

对于以上任何一个问题，均以10分制打分。你们双方的分数越高，你们的夫妻关系越稳定。如果你们双方的得分均在30分以下，及时寻求专业的帮助是值得考虑的。

离婚的得与失

离婚是一定会对当事人产生影响的，不论是好还是坏，是多还是少。以下是一些可能发生的影响。

一、身心健康的改变

有些离婚者会出现机体免疫力下降、头痛、心悸、体重下降、脱发等状况，同时由于长期的精神压力，还会出现器质性疾病。有研究表明，不幸婚姻的承受者患相关疾病的概率较其他人大约会增加35%，并且寿命也可能会受影响。当然，也有很多离婚者由于从痛苦的关系中得以解脱，有了更多的精力和时间照顾自己，健康水平明显上升。

二、社会支持网络重塑

由于离婚，离婚者原有的社会支持系统将会发生变化，其中一些由支持性资源转为破坏性资源，如偏保守的长辈。

如果能得到原生家庭的支持和鼓励，离婚者常常会感到社会支持资源并没有减少而是增加了。

而基于朋友、同学、同事的社会支持系统与此类似，消极或积极的支持资源会带来完全不同的结果。

对于大部分离婚者而言，其社会支持系统会发生较大程度的更新，可能会失去一些旧的资源，但同时也会得到新的资源。

三、生活质量改变

部分个人收入水平较低的女性离婚后，其生活质量将会显著降低。对于有较高独立收入或其他收入保障的女性而言，其生活质量则不会显著降低。因为收支结构的改变，部分女性的生活质量反而有明显提升。

四、心理健康水平

大部分离婚者在相当长一段时间内，不能适应离异后的生活，会产生各种心理困扰。这样的困扰最常见的有抑郁、焦虑和孤独，其次是自卑、注意力不集中和睡眠障碍。一段时间之后，因为压力源的消失或转换，离婚者的心理状态会进入全新的阶段。离婚事件可能导致终身创伤，也可能是全新生活的开始。

五、社会文化压力

70%以上的离婚者常感觉自己处在猜疑、议论和讥讽的环境中，常感觉他人对自己抱着同情或幸灾乐祸的态度。同时，“离婚后需要比离婚前过得更好”的社会期待以及自我期待，将会使离婚者背负更大的压力。社会支持系统较好的个体，能更好地应对此类压力。

六、新的抚养及赡养压力

多项研究表明，离婚对未成年子女身心健康的影响大于对离婚者的影响，包括心理健康、智力发展、社会化程度、社会适应能力等。但相关研究也表明，糟糕的婚姻对孩子身心健康的影响也非常大。赡养父母的责任和压力，也会随着离婚相应地发生或大或小的变化。

七、心境的改变

大部分离婚者都会觉得，从让人痛苦的婚姻中离开是一种解脱。离婚常会成为个体成长和觉醒的契机。

八、离婚的影响

离婚的影响中有很多重要的元素，除了在（考虑）离婚前后这个特殊的时期对我们很有意义，在我们整个人生中，它们都是不可或缺的。不论你是否正经历离婚这个人生议题，都值得一起来审视和反思以下问题。

1.我的身体健康水平如何？婚姻对它的影响是什么？

2.我的心理健康水平如何？婚姻对它的影响是什么？

3.我可以独立生活吗？我的收入和自我照顾能力如何？

4.我的家人支持我吗？我有多少支持我的朋友？

5.我每一段亲密关系的质量如何？

6.以上所有的问题，我自己足够清晰吗？思考过吗？

7.我希望自己怎么做？有什么样的困难？

8.这些困难如何克服？我有可以寻求帮助的资源吗？

离婚后，如何做好心理调节

离婚后，大部分离婚者会经历各种负面情绪，比如恐惧、孤独、悲伤、愤怒等，同时会在社交、自我认知等方面遇到挑战。那么，离婚后我们如何做好心理调节呢？

告别恐惧

离婚后，我们最大的恐惧是对未来的不确定性。其他容易让人产生恐惧的因素还有周遭可能存在的负面评价、经济压力、即将成为单亲妈妈、独自做决定、害怕失控、害怕改变等。

我们每个人心中都有恐惧，这是正常的。正是因为恐惧，我们才不会去冒不必要的风险，才不会让自己置身危险中。

如果你经常感到深深的恐惧，可试着做做放松训练。如果这样做效果仍不够理想，可以寻求朋友或专业人士的帮助。

远离孤独

很多人在婚姻中本就十分孤独。对于这些人来说，离婚实际上是一种解脱。

在婚姻中，有些人并没有与爱人产生真正的亲近感，与对方的共同生活有可能伴有痛苦、愤怒、沮丧、冷淡以及孤独。对于这些人来讲，离婚虽然从某种程度上意味着一种解脱，但新的孤独感也可能随之而来。

面对孤独，常见的应对方式是多参与社会层面的活动、让自己忙碌起来，以逃避独处时的孤独。

要克服孤独带来的痛苦，我们首先要意识到，孤独也能疗伤。从某种意义上讲，孤独能让我们学会反思，实现自我成长和发展。

实际上，独自一人也会很自在。不再依赖他人的陪伴。做到这一点，你就朝着独立迈出了一大步。

谨防持续悲伤

我们失去某些重要的东西时，会感到悲伤。对离婚者来说，离婚意味着失去了曾经的爱人，同时还失去了很多其他的东西。从已婚状态回归单身状态，我们的生活将发生很多变化。

常见的悲伤症状有不断念叨自己的遭遇、感觉心累、入睡困难、进食困难、常有不真实感（就像在做梦）、情绪脆弱、有自杀倾向等。

适当程度的悲伤是必要和不可避免的，也是我们哀悼失去的一种方式。然而，如果悲伤持续的时间太久，就要注意了。

消解愤怒

离婚带来的愤怒和日常的愤怒很不一样，它更猛烈、更持久、更专注。有人习惯把所有的愤怒都归咎于前任，甚至不惜一切想要报复对方。这样的方式具有很大的破坏性。采取破坏性较小的表达愤怒的方式是很有必要的。

最有效的方法之一是向朋友倾诉，比如：“我需要谈一谈我对前夫的愤怒。我知道有时我可能会胡说八道。我知道自己可能会非常情绪化。我知道我所说的并不是我的理性表达。但是，我现在非常愤怒，我想要对你倾吐我的愤怒。”

大哭一场也有助于宣泄愤怒。另外，也可以把愤怒写进日记里，然后把写下的愤怒烧掉。

发展友谊

离婚会让你失去一些朋友。

首先，你将失去支持前夫的朋友。其次，内心不够安全的已婚者会和你刻意保持距离。再次，你可能被主流夫妻文化排斥，从而进入离异亚文化圈。

接下来，你可能会建立新的交际圈，其中你也会经历一些曲折。开始时，你仍很伤心、孤独、压抑，因而会回避交际（除非是接触那种能给你安全感的人）。慢慢地，虽然你非常害怕被拒绝，但你还是会与人接触。最后，你将慢慢回归正常，不再害怕被拒绝，开始喜欢和别人交际。

结交新的朋友，特别是结交那种始于友谊而且有发展成为恋人的潜在可能的朋友，是非常有帮助的。在交往过程中，如果你们能构建出一种开放且充满信任与诚实的关系，一种有助于双方个人成长的关系，你可能会更快地走出离婚阴影。

仍要有信任感

我们在情感上所受的严重伤害会导致我们对信任的恐惧。虽然亲密关系是那么诱人，可是亲近别人却有再次受伤的危险。这种不信任的感觉可能会严重影响我们之后的亲密关系的建立。

要学会信任，我们就不得不冒险。我们有可能被拒绝，或是遭到误解，但是如果想要再次拥有亲密关系，我们就不得不冒险。

亲密关系中的信任创伤，对很多离婚者来说是非常严重的。如果长时间都无法重建对他人的信任的话，寻求专业人士的帮助是必要且值得尝试的。

肯定自己的价值

自我价值与社会角色的联系是非常紧密的。我们常常通过各种角色来定义自己。“妻子”于女性来讲是一个很重要的社会角色，而离婚就意味着这个角色的失败。大部分的离婚者都会在自我价值上遭到明显的打击，比如“我没有价值了”“我跟他们不一样了”等。自我价值的提升对离婚者来说是个亟待解决的课题。

离婚后生活的重建至关重要。强烈建议不要在短时间内进入下一段关系。最好在离婚带来的成长和收获都稳定一些之后，再做相关的决定。

附1：测试双方是否足够了解彼此

1.能说出伴侣密友的名字。

2.知道伴侣目前的压力。

3.能说出伴侣最近讨厌的人的名字。

4.能说出伴侣的某些人生梦想。

5.非常了解伴侣的信仰和想法。

6.能说出伴侣基本的人生哲学。

7.能列出一份伴侣最不喜欢的亲戚的名单。

8.知道伴侣最喜爱的音乐。

9.能列出伴侣最喜爱的三部电影。

10.伴侣了解我现在的压力。

11.知道伴侣生命中最特别的时刻。

12.能说出伴侣小时候遇到的最紧张的事。

13.能列出伴侣人生的主要志向和愿望。

14.知道伴侣目前主要的烦恼。

15.伴侣知道我有哪些朋友。

16.如果伴侣买彩票中大奖，我知道对方想做什么。

17.能详细说出第一次遇到伴侣时的印象。

18.会定期询问伴侣周围正在发生的一件事。

19.觉得伴侣很了解自己。

20.伴侣了解我的期待和志向。

以上均为判断题，如果回答为“是”，计1分。10分以上说明在这段关系中，双方都足够了解对方。

附2：自我评估当前婚姻关系

你近期（6个月）的婚姻关系如何？整个存续期间又如何？请回答以下问题，自我评估当前的婚姻关系。

1.你们曾是朋友吗？

2.你们互相吐露过心思吗？

3.你们共同的兴趣是什么？有共同的爱好吗？有共同的人生态度吗？价值观呢？信仰呢？养育孩子的方式呢？

4.你们的自我目标、互相设定的目标，或是婚姻的目标相似/相容吗？

5.你们之间解决问题的方式合拍吗？（具体的解决方案不一定要相同，而是方式合拍）

6.对方让你生气的时候，你是直接解决、隐藏情绪，还是想要伤害对方？对方生气的时候又是怎样的呢？

7.你们有共同的朋友吗？

8.你们一起出席过社交场合吗？

9.你们是不是按照约好的方式来共同负担收入和家务这两件事情？

10.你们是不是给了对方独处的时间？

11.你们互相信任吗？

12.你们是否觉得彼此的关系非常重要，在必要的时候会做出一些个人牺牲？

如果上述问题中有超过半数的答案都是否定的或负面的，那么这段关系可能已经岌岌可危了，只是我们还没有接受这个事实。

附3：深度放松练习

首先，注意身体哪一部分对情绪做出了反应，这一招很有用。大多数人的反应区域都在腹腔神经丛，也就是我们平常所说的心窝处。但是，你身体的其他部分也可能会有反应，比如心跳加快、腿部肌肉紧张等。了解身体的反应，有助于接受并应对自己强烈的情绪感受。

其次，找一个舒服的地方坐下或是躺下，然后做深呼吸。用腹式呼吸法尽可能多地吸气，以便让肺部下叶也充满空气，再慢慢吐出。让氧气在全身特别是头部循环。然后放松，从头顶到脚趾，让每块肌肉都彻底放松。在越来越放松的同时，保持深呼吸。闭上眼睛几分钟，想象自己处在一个安静而放松的环境中（如海滩、高山、草甸等）。

再次，开始具象化自己的感受（比如恐惧、焦虑等）。想一想：我恐惧的东西会威胁生命吗？这个恐惧源于何处？是现在才开始的，还是以前就有的？配偶对着我发怒时，我有没有感觉到小时候父亲发怒时我心中的恐惧？我的恐惧有没有让我想起过去某次情感或是身体受伤的时候？感到恐惧的时候，怎么做才是恰如其分的？现在感受到的恐惧会压垮我吗，还是我能利用它更加了解自己呢？

在思考这些问题时，继续保持深呼吸。最后，慢慢地“回到你所在的房间”，准备好后就睁开眼睛。

经常使用这种深度放松练习来探索自己的负面情绪，能更为有效地对它们进行处理。这样处理情绪，有助于让情绪成为自己的朋友，也有助于更好地掌控自己的生活。你能做出的选择越多，情绪对你的控制就越小。

第12课

Lesson Twelve

女性如何应对跟踪骚扰

本文作者：秦一鸣　蒋欣玥／专业指导：徐凯文

什么是跟踪骚扰

“私生饭”这个词想必大家并不陌生。私生饭指明星的粉丝里行为极端、疯狂的一种人。他们为满足自己的私欲，跟踪、偷窥、偷拍自己喜欢的明星的日常。

其实，“被跟踪”这样的事也可能发生在我们普通人身上。

试想一下，每天不管你去哪里，路上总有人远远地跟着你；每天有人蹲在你家门口，你一出门就跟在你身后；每天你打开各种社交软件，都会收到一个人发来的无数条消息；总有人没完没了地给你或你的家人打骚扰电话；你时不时会收到一些莫名其妙的快递；你丢过的垃圾，会被人翻个遍……你是不是无法忍受？

这些都是跟踪骚扰的一些典型行为。目前，我们对跟踪骚扰的认知还不够。跟踪骚扰甚至没有一个明确的被普遍接受的中文定义。

一般来讲，跟踪骚扰指一个人或团体对另一个人给予过多的关注，甚至给被关注者造成严重的困扰，使被关注者十分恐惧。具体的行为包括打扰、尾随和监视等。美国关于骚扰有一个这样的概念：发生在两个人之间的在人格层面有一方无法接受的、直接或间接形成恐吓或让被害人感到恐惧的接触，都可称为骚扰。

根据美国的相关报告，美国每年大约有750万人遇到过跟踪者；超过85%的受害者是被熟人跟踪骚扰；61%的女性受害者和44%的男性受害者是被现任或前任亲密伴侣跟踪骚扰；11%的受害者已被跟踪5年甚至更长时间；46%的受害者每周至少经历一次令人不适的接触。

常见的跟踪骚扰行为有哪些

犯罪心理学将跟踪骚扰行为分为单一纠缠型跟踪骚扰、爱情纠缠型跟踪骚扰、色情狂型跟踪骚扰和复仇型跟踪骚扰4种类型。

一、单一纠缠型跟踪骚扰

在跟踪骚扰案件中，单一纠缠型扰占了很大的比例（60%）。此种类型的跟踪骚扰通常是家庭暴力和心理虐待行为的延续。跟踪者通常在被害人已经摆脱或者想要摆脱亲密关系时，仍然想继续对被害人实施控制。

这类跟踪骚扰最危险，因为跟踪者通常认为“如果我得不到你，别人也休想得到”。在亲密关系中，他们习惯使用精神控制、心理虐待，甚至会通过家庭暴力来控制被害人。他们认为被害人从属于自己，不具有独立人格。在亲密关系破裂之后，他们会恼羞成怒。

二、爱情纠缠型跟踪骚扰

在爱情纠缠型跟踪骚扰中，跟踪者有极低的自尊感，他们倾向于选择自己认为拥有某种特质的被害人，并认为这种特质可能提高他们的自尊。在此种类型的跟踪骚扰中，跟踪者和被害人是偶然认识或者完全陌生的。一旦选中跟踪对象，他们将开始对被害人展开疯狂追求，并试图与跟踪骚扰对象建立恋爱关系。

三、色情狂型跟踪骚扰

这是新闻上常见的跟踪骚扰类型。此类跟踪者往往患有严重的精神疾病，如妄想症。

四、复仇型跟踪骚扰

复仇型跟踪骚扰极为罕见，且与其他3种有很大的不同。此类跟踪者不寻求与跟踪目标建立亲密关系，而是试图诱发被害人被跟踪骚扰后的特别反应。比如，他们认为某件事存在不公，有错一方的当事人却没有受到惩罚，于是便把自己当作正义的“审判者”和“惩罚者”，去跟踪骚扰他眼里的“有罪之人”，直到他们认为自己或他人得到了公平的补偿。

如何甄别跟踪者：跟踪骚扰可能有的行为表现

根据行为方式，跟踪者可分为线上跟踪者和线下跟踪者两种。线上跟踪者主要通过网络搜集被跟踪者的私人信息，然后通过网络对被跟踪者进行骚扰。

线下跟踪者的跟踪行为主要发生在日常生活和工作中。

一、线上跟踪者可能有的行为表现

1.跟踪者可能会出现在你的各种社交软件中。你的微博、微信、QQ等社交平台也许都能看到跟踪者的好友申请，但你们在现实生活中不一定有交集。

2.跟踪者试图跟你建立联系，比如，频繁给你发消息，在你的社交软件的动态下点赞、留言等。他们可能会表现得很友好、不断地夸赞你，但你千万不要被他们的花言巧语迷惑。

3.跟踪者会留意你发送社交动态时附带的位置信息，然后故意制造“偶遇”，等掌握你的生活规律便可能开始线下跟踪。

4.跟踪者可能会出现在你的家人和朋友的各种网络社交平台上。通过这种方式，跟踪者可以收集到更多关于你的信息。

二、线下跟踪者可能有的行为表现

1.跟踪者会观察、记录你的生活规律，准时出现在任何你会出现的地方。无论你去哪里，都能看到跟踪者的身影。

2.跟踪者会给你寄一些东西，比如，你并不需要的正常礼物、你用过的私人物品、一些吓人的玩意儿等。

3.跟踪者会不断地联系你，或是打电话，或是发短信，或是发电子邮件。如果你拉黑了他，他会想方设法联系到你。

4.跟踪者会想方设法收集关于你的一切信息，接触你的社交圈。

5.跟踪者会监视你，甚至使用相机、窃听设备记录你的一言一行。

6.跟踪者会散播关于你的流言，试图限制你的选择，并削弱你的社会支持网络。

7.跟踪者会试图隔离你，使你看起来更加脆弱，以获得心理上的控制感。

8.跟踪者可能会使用暴力行为来恐吓你，对你的财物或是身体实施侵害行为。

被跟踪骚扰时如何进行自我保护

针对线上骚扰，我们可以通过以下一些措施保护自己。

1.在社交平台上，不要随便同意陌生人的好友申请。

2.不要在社交账号的个人资料中添加太多个人隐私信息。

3.在社交平台上，尽量少向陌生人透露太多个人的生活动态。

4.在社交平台上发表个人生活动态前，一定要仔细检查内容，以免泄露个人信息，如身份证号码、银行卡号以及所处的地理位置等。

5.在社交平台上，如果发现添加了跟踪者，要立马将其拉黑，并进一步核实对方是否也出现在了我们亲友的社交圈子里。

6.尽量把社交账号的密码设置得复杂一点。

针对线下骚扰，我们可以通过以下一些措施保护自己。

1.将跟踪者的信息详细地记录下来，比如跟踪者长什么样子、口音是怎样的、穿了什么衣服等。

2.保留好被跟踪骚扰的相关证据，比如相关影像信息、声音信息、来自跟踪者令人不安的手机短信等。

3.不要以任何方式回应跟踪骚扰者。一旦认为自己引起了你的注意，他们将会变本加厉地实施自己的跟踪骚扰行为。

4.告诉亲朋好友相关跟踪者的存在，以避免亲朋好友在不自知的情况下，透露你的相关信息给对方。并且，这也能保护亲朋好友的安全。

5.外出时尽量请家人或者朋友陪同。

6.拒绝接收来源不明的快递包裹。

7.如果有孩子的话，制订一份绝对安全的接送计划。

8.如果可能的话，学习一门格斗技术。这会让你充满勇气和力量，让你在紧急情况到来时，不至于那么被动。

9.必要的情况下，可选择报警以保护自己的人身和财产安全。

跟踪骚扰可能对受害者产生的影响

跟踪骚扰事件可能对受害者产生严重的经济、社会和心理影响。

一、经济影响

据相关报告，因躲避跟踪者，受害者在工作、学习上将会大受影响，甚至可能停止工作或上学，或是因身体遭到伤害、财物遭到破坏而有所损失。

二、社会影响

因为被跟踪骚扰，受害者的社会生活，比如工作、学习以及正常的交际，将受到严重影响。

三、心理影响

跟踪骚扰也会给受害者带来一定的负面心理影响。比如，一旦被跟踪，受害人可能有如下一些心理感受：

1.感到害怕，不确定跟踪者会做什么；

2.感到无助，不知道该信任谁；

3.感到焦虑、烦躁、不耐烦；

4.感到沮丧、绝望、不堪重负；

5.感到困惑、孤独，因为很难得到其他人的共情；

6.感到压力很大，难以集中注意力，甚至失眠；

7.常忘记吃东西或暴饮暴食；

8.常有令人不安的想法。

受害者应当明白，以上都是正常的心理反应，这不是你的问题。

在长时间受到跟踪骚扰的情况下，很多受害者可能并没有受到身体上的伤害，但是有可能受到严重的心理创伤，甚至可能因此患上创伤后应激障碍。

受害者会变得非常不安、多疑，即使在摆脱跟踪者后，短时间内仍然无法相信周围的环境和人。关于被跟踪的噩梦也会使受害者一次又一次陷入恐惧中。有一部分受害者可能因为实在无法承受过大的压力而做出极端行为。

研究表明，受害者报告的心理影响主要有：不信任感增加（44%）；偏执（36%～39%）；混乱（28%）；恐惧（21%～57%），尤以女性受害者更常见；神经质（31%）；愤怒（或攻击性）（10%～27%）；抑郁症（21%～28%）；慢性睡眠障碍（74%）；过度疲倦或虚弱（55%）；食欲不振（48%）；经常性头痛（47%）；持续性恶心（30%）；等等。

此外，有研究人员发现，55%的受害者患有与创伤后应激障碍相关的症状；也有研究人员指出，78%的受害者可能罹患相关精神疾病；还有研究表明，受害者有可能报告当前健康状况不佳、慢性病甚至抑郁症等。

所有这些调查结果都表明，跟踪骚扰行为将对受害者产生严重的不良影响。

什么情况下应该寻求心理咨询师的帮助

一般情况下，你可以采取一些措施来缓解紧张不安的情绪。

1.研究犯罪心理学、揣摩对方的心态以及对方可能会做出什么行为，让自己在心理上有个预期，你就不会那么害怕了。

2.尽可能避免单独行动。当有人陪伴你的时候，跟踪者便不敢肆意妄为，你心里也会踏实很多。

3.如果遇到不得不独行的情况，请随身携带报警器，还可以常备一些简易的防身器具，有备无患，不至于遇险时惊慌无助。

4.找到可信的人，倾诉你的情绪和烦恼。对方的倾听和支持会对你有所帮助。

5.利用一切可以利用的资源最大程度地保护自己。

被跟踪所带来的痛苦，并不会因为跟踪骚扰事件的结束而立即终止，很可能会延续很长一段时间。因此，有必要时可寻求专业的心理支持与帮助，尤其是出现以下情况时：

1.反复出现责怪自己、伤害自己的心理，甚至产生轻生的想法；

2.长期处于精神高度紧张的状态，脑海中不断闪回曾经被跟踪、骚扰的画面；

3.对于人际交往的安全感和掌控感彻底丧失，害怕社交，会本能地逃避具有某一类特征的人群，无法正常生活、学习和工作。

第13课

Lesson Thirteen

面对敏感拍摄，女性如何保护自己

本文作者：席丹荔　胡英哲／专业指导：徐凯文

什么是敏感拍摄

在本文中，我们用敏感拍摄来代指一切拍摄可能暴露隐私的照片和视频的行为。

敏感拍摄可能给女性带来相当的危险或巨大的伤害。比如，女性可能因为拍摄敏感照片或视频而遭到敲诈勒索。

来自澳大利亚的一项调查显示，在18岁至45岁的澳大利亚女性当中，每5人中就有1人曾遭受过“情色报复”。情色报复指恶意传播他人的隐私照片或视频以报复当事人的行为。情色报复只是敏感拍摄带来的诸多问题之一。敏感拍摄还可能引发裸照借贷、敲诈勒索、隐私泄露等问题。由此可见，敏感拍摄非常危险！

目前，我国还没有关于敏感拍摄问题的权威的统计数据，但敏感拍摄事件及其引发的连锁反应在我们身边非常常见。在某知名手机App搜索一栏输入“裸照”“威胁”等关键词，可搜索到200余条相关提问，且每一个提问下方都有很多答题者分享自己的类似经历。在某知名网站搜索引擎中输入“裸照”“威胁”等相关关键词，只是最近一年的相关信息便有近百条之多。这些数据告诉我们，随着信息时代的到来，和敏感拍摄相关的问题与我们的距离可能比我们想象中更近。

敏感拍摄通常发生在哪些情境中

一、亲密关系

敏感拍摄通常发生在夫妻、恋人之间。有的时候，出于一时冲动，夫妻、恋人之间可能会有敏感拍摄行为。

“这没什么大不了的，别人也会这么做。你知我知，我们不传出去就行了呗。”很多人因为这样的原因，接受了别人的敏感拍摄行为，或者自己实施敏感拍摄行为。

有的人则会将敏感拍摄与爱和信任挂钩，比如：“拍个照片纪念一下呗！你不愿意拍是不是不爱我呀？你还是不够信任我。”此种情形之下，有些女性会顺从地拍摄敏感照片（视频），甚至在面对相关威胁时，以“爱”之名进行自我催眠。

还有一种情形，有些情侣或者网友在进行网络聊天时，经常传输自己的敏感照片（视频）。在一些搜索引擎中输入“裸照”“威胁”等关键词，我们会看到很多类似“网恋对象（异地恋男友）总是向我索取私密照片（视频），我应该怎么委婉地拒绝？”的求助帖。

我们在决定是否要给伴侣自己的私密照片（视频）时，要确保彼此都能预见这样做的危险以及可以采取的自我保护方式。亲密关系中关于隐私的很多议题并没有是非对错。但是，在做任何决策之前，一定要充分考虑清楚。实际上，亲密关系的双方应该彼此尊重，任何一方都不需要通过牺牲自己的隐私来证明自己对对方的爱。亲密关系的双方可以约定彼此在互联网上分享对方的信息时的尺度。在国外，越来越多的伴侣甚至会在婚前协议中约定相关内容来预防可能出现的各种问题。

二、非法裸贷

裸贷指以借款人手持身份证的裸体照片替代借条的借贷行为。据新闻媒体的报道，这种违法行为最近几年常有发生，给卷入其中的女性带来了巨大的人身伤害及财产损失。

据调查，裸贷的受害者主要是年轻的女性，尤其以女大学生最为常见。这些女性有的仅是想买一部心仪的手机，有的是急需一笔资金，高估了自己的还款能力，从而卷入裸贷之中。大家一定要擦亮眼睛，远离非法裸贷。

三、拍艺术写真时被偷拍或其他情境

有些人出于纪念青春的目的会拍艺术写真，甚至会拍一些比较私密的照片。另外，越来越多的防不胜防的偷拍更是为敏感拍摄提供了更多机会。

在这里，我们要提醒一下，女性在拍写真时要选择靠谱的商家，存有敏感照片的数码设备需妥善保管。住酒店或是租房居住时，入住之后要重点检查一些可能藏有偷拍设备的地方，例如天花板、烟雾探测器、灯座、电源插座等。当然，面对日益隐秘的偷拍手段和防不胜防的黑客技术，要减少偷拍的行为不仅需要女性提升自我保护能力，更需要全社会的努力。

敏感拍摄可能带来哪些不良后果

敏感拍摄真正的危险在于涉及隐私的照片或视频的泄露，以及违法犯罪分子以这些照片或视频进行的相关的犯罪行为。不难理解，隐私照片或视频的泄露往往会给女性带来极大的精神损害及心理创伤。基于隐私照片或视频的相关犯罪行为（如敲诈、勒索等），更会给女性带来物质、身体及心理上的多重伤害。

当他人手中握有女性当事人的隐私照片或视频时，女性当事

人需要自己承担这些照片或视频被泄露的风险。而这些照片或视频的泄露毋庸置疑会给受害者带来极大的精神损害和心理创伤。当事女性往往会遭受巨大的舆论压力。来自他人的风言风语也将带给受害者强烈的羞耻感和压力，使其正常的生活、工作或学习受到很大的影响。

很多受害者甚至会感到无法抬头做人，更害怕会让自己的家人蒙羞。敏感拍摄带来的伤害会影响受害者相当长的时间。有些当事人甚至终生为此痛苦万分。

隐私照片或视频泄露的后果是当事人难以承受的。随之而来的羞耻感往往会使当事人难以向他人诉说或求助。常有一些违法犯罪分子利用女性十分害怕自己的隐私照片或视频被泄露的心理，故意施以威胁，从而达到自己不可告人的目的，比如以泄露隐私照片或视频为威胁手段来索要钱财、发生性关系等。而有些人在热恋期间拍摄的隐私照片或视频也可能在分手之后因为矛盾、纷争而被恶意传播。

面对基于敏感拍摄的威胁，女性如何保护自己

在面对基于敏感拍摄的威胁时，很多女性受害者十分害怕隐

私被泄露后，自己将遭受周围人的风言风语和指指点点，因而一次次地选择妥协和屈服。

然而，值得注意的是，女性在遭受敲诈、勒索、威胁情况时的羞耻感、恐惧感以及软弱的态度可能会纵容违法犯罪分子更加肆无忌惮地实施自己的犯罪行为。相关敲诈、勒索、威胁、骚扰一旦开始，绝大多数会重复发生。

女性到底如何做才能有效地保护自己呢？

寻求他人的帮助

遭遇威胁、骚扰时，不能一味地隐忍、屈服。这个时候，积极寻求亲朋好友的支持与帮助较为重要，他们的陪伴至少可以保障我们的基本安全。然而，在寻求他人帮助的时候，有一些问题需要注意。

我们先来看一个案例。

小A在一次失恋后，结交了一名男网友。他们两人经常通过网络聊一些比较露骨的话题，互相之间还会发一些隐私照片。

后来，那个男子以手上握有小A的隐私照片威胁小A。他甚至通过网络社交平台添加了小A的很多好友。他声称如果小A不答应他的要求，就会将小A的隐私照片和相关的聊天记录群发给小A的好友。

小A感到十分慌乱，向自己的一名朋友求助。这个朋友建议她先委婉地告知大家发生了什么。小A斟酌之后，未采纳朋友的建议，选择了报警。之后，在警察的帮助下，小A很好地处理了这件事。

之后，小A非常庆幸自己没有像那个朋友所言，广泛告知更多好友自己经历的事情，否则可能招致更大的麻烦。

由此可见，遭遇威胁之时，积极寻求他人的帮助、避免独自面对固然很重要，但也需要客观、理智地评价所求之人的可信任程度，以避免招致更大的麻烦。

社会文化对于相关受害者的污名化现象普遍存在。这正是女性受害者在遭遇威胁之后害怕报警的重要原因。

因此，在面对威胁之时，虽然需要做好隐私可能被泄露的心理建设，但未到最后一步尽量不要放弃。在感到孤立无援需要帮助之时，一定要慎重评估所求之人的可信任程度，避免遭受二次伤害。对待身边有相似经历的女性时，我们也要尽量多一分理解，少一些指责。

报警处置，寻求法律帮助

遭遇任何性质的敲诈、勒索，我们都要首先考虑报警。

在面对威胁时，女性要承受隐私信息被暴露的风险。但只要实施相关行为，施害者必然会为此付出相应的代价。

我们在面对类似威胁时，可利用法律武器保护和支持自己。法律会带给我们面对不法分子的勇气和底气。

因而，在面对这种事情时，我们一定要理智地保存好证据，如社交软件的聊天记录、电话录音等。接下来，我们只需好好配合警方的调查就好了。

联系网络平台方，及时处理被泄露的相关信息

这个问题涉及网络侵权的“避风港”规则。网络用户利用网络服务实施侵权行为时，被侵权人有权通知网络服务提供者采取删除、屏蔽、断开链接等必要措施；网络服务提供者则有义务配合被侵权人的要求采取相关行动，未及时采取必要措施的话，对损害的扩大部分承担连带责任。

因此，当发现我们的隐私信息在网络平台恶意传播时，我们可以联系相关网络平台，要求他们采取必要措施。

积极寻求心理帮助

敏感拍摄威胁事件的经过以及处理结果有可能给受害者的心理造成一定的影响。敏感拍摄威胁事件在心理学上属于生活中的急性应激事件，可能给受害者带来不良的心理影响，如情绪低落、情绪不稳、自责、自贬、自罪等，严重时会出现自杀倾向。

事件严重程度不同，给受害者造成的不良心理结果的严重程度也不同。人的心理状况不同，自我调节的能力也不同。绝大多数人在相关事件结束之后一段时间内，能够自行调整好，走出阴霾。但也有受害者难以自行摆脱心理上的影响，需要寻求专业的帮助。

首先，遭遇敏感拍摄威胁事件时，你可能会愤怒、生气、焦虑，你会有莫大的压力。这些都将对你的生活产生巨大的影响，使得专心工作或学习变得异常困难。我们想告诉你的是，这一切都是正常的，每个人经历这些事情时都会有这样的感受。重要的是，你要时刻牢记，这一切都不是你的错。这一切并不是因为你不检点、太随便、随意信任他人招致的报应。你始终都是一名受害者，受害者不可能也不需要完美。

其次，与他人谈论你的感受和你的处境对你至关重要。关于这件事的感受，会随着时间的推移有所变化。有人陪伴，你将更容易走出这段经历。

再次，可以抽出时间做一些自己喜欢的能够带给自己幸福感的事情。这些事情可大可小，只要是能让你感到快乐和幸福的事，你都可以去尝试。

最后，积极寻求专业的心理帮助。绝大多数人在遭遇应激事件之后一段时间能够经过自行调整回归正常状态。但也有一些受害者难以自行摆脱心理上的影响，需要寻求专业的心理帮助。若你有这些情况，每天大部分时间处于情绪低落的状态中，睡眠变差（难以入睡、早醒、易惊醒等），食欲改变（食欲增强或者减退，短时间内体重迅速增加或减轻），有较强的无望感、无意义感、无价值感，甚至出现自杀倾向等，请及时寻求专业的心理支持。

除此以外，自我感觉走出了阴影，能够相对正常地应对生活、工作、人际、学习等，但心底仍然存在心结，希望能够在专业人员的指导下获得自我成长的个体，同样可以考虑寻求专业的心理帮助。

第14课

Lesson Fourteen

性骚扰的防范和自救指南

本文作者：殷竹婷 蒋欣玥 / 专业指导：徐凯文

女性遭受性骚扰的社会现状

美国2018年的一项研究显示，有81%的女性曾经遭受过性骚扰，其中77%的女性曾经遭受过语言上的性骚扰，51%的女性曾遭受过身体接触性的性骚扰。

有研究表明，在世界上许多国家和地区，性骚扰都很常见。根据某年度相关机构针对我国四大城市的2000名职场女性的调查，19.8%的被调查者承认自己遭受过性骚扰，23.9%的被调查者目睹过其他职场女性遭受性骚扰。实际上，由于性骚扰问题的特殊性，真实的受害者的比例可能更高。另据调查，遭遇性骚扰后，只有34.3%的人会主动进行相关投诉，主动报警和提起诉讼者不超过20%，高达54.5%的女性选择隐忍。

相较于其他侵害，性骚扰更加难以取证。一些边缘的性骚扰行为，更是很难被定性。比如，口头上的骚扰和非敏感的身体接触，通常包裹着开玩笑的外衣。如果没有录音、录像等确凿证据，很多行为很难被认定为性骚扰。

此外，性骚扰的施害人通常是受害人熟悉的人。在社会压力之下，很多女性很难将如此难以启齿的事情摆上台面来讲，更别说主动举报、起诉了。

现实中，实施性骚扰的男性通常有更高的地位。为谋求职场或学业上的更多发展，相对处于劣势的女性，很难毫无顾虑地进行反抗。因此，相较于来自陌生人的性骚扰，职场和校园中的性骚扰处理起来更为棘手。

两个不为人熟知的性骚扰真相

尽管性骚扰是一个普遍存在的社会现象，但我们对性骚扰的认识却有着各种各样的误区。

一、除了性以外，性骚扰者通常还有一些隐藏动机

与许多人想象的不同，性骚扰者的动机并非只有性欲。曾有相关专业人士分析过性骚扰者的不同动机。熟人的作案动机一般有3种。

1.掠夺型动机。对有些人来讲，侮辱他人本身就是一种性刺激。这种人会经常性地骚扰自己锁定的猎物，并观察对方的反应。如果受害者没有反抗，可能会招致更严重的骚扰，比如强奸。

2.支配型动机。有些性骚扰者并不是为了从性骚扰中得到性满足，而是为了满足膨胀的自负心理，如为了展现自己的权利，为了确定自己可以支配他人。

3.策略型动机。有些人将性骚扰作为一种策略和手段，只为实现自己的某些目标。例如，在职场上骚扰潜在的竞争者，以影响被骚扰者的职场表现。

二、任何场所、任何情境都可能发生性骚扰

事实上，性骚扰的发生，没有特定的共性。任何情境都可能发生性骚扰。

客户、合作者、亲戚、老师、学生、朋友等都可能成为性骚扰事件的施害者。大部分骚扰者都有更高的社会地位，但我们也不能排除施害者与被骚扰者的社会地位相同甚至比被骚扰者地位更低的可能。

性骚扰可能发生在各种场所，比如公园、办公室、公共厕所等。另外，并非只有年轻貌美的人才会被骚扰。无论性别、年龄或背景如何，几乎每个人都有可能遭受性骚扰。性骚扰事件可能没有目击者，也可能有很多目击者。大多数时候，性骚扰者很清楚自己在做什么。比如，之前提到的，有人以性骚扰为手段，干扰他人的职场表现。

有时候，性骚扰的施害人未必能意识到自己的行为会让人觉

得不舒服，未必能意识到自己的行为就是性骚扰。

有时候，受害人未必能意识到自己遭遇了性骚扰。例如，一些口头上的玩笑，受害人听后虽然会觉得不舒服，但可能会怀疑是自己过于敏感。而被有意触碰一些敏感部位时，性骚扰的受害人基本都能清楚地意识到自己遭遇了性骚扰。

因此，在何种场合，我们都不应抱有侥幸心理，也不应以任何外部因素来怀疑性骚扰事件的真实性。

遭受性骚扰后，女性会面临哪些伤害

在世界绝大多数国家和地区，性骚扰都被认定是违法的行为。但在实际中，很多性骚扰事件都因取证困难而无法认定。有人认为，性骚扰与强奸等行为不同，大部分受害者并没有遭受实质性的伤害。类似“摸一下（开个玩笑），又不会少块肉”这样的言论，使得许多受害者迫于压力放弃了维权。

事实上，性骚扰事件的受害者很多时候会承受巨大的伤害，以及来自各方面的压力。

一、心理伤害：受到破坏的内心世界

性骚扰有其特殊性。不同于其他形式的性侵害，性骚扰通常

不会给受害者的身体造成直接伤害，有一些性骚扰甚至连身体上的接触都没有。但性骚扰对受害者的伤害，并不能因此被我们忽视。同其他形式的性侵害一样，性骚扰通常都会在受害者的心理层面引起较大的负面影响。受害者轻则会受到不良情绪的干扰，重则会产生诸如抑郁障碍等心理障碍。

据相关机构某年度对1.7万名遭受过性骚扰的女性进行的调查显示，愤怒、厌恶和尴尬是最常见的情绪反应，比例分别为45%、41%、36%；有29%的女性在严重的性骚扰事件后感觉很害怕；有20%的女性感受到了羞耻感。

而当受害者无法将愤怒指向施害者时，她们就会攻击自己，例如，责怪自己过于轻信别人、因为自己行为不检点才引发这样的事情等。因此，性骚扰会引起受害者暂时或长期的精神压力和抑郁情绪。这些影响，对那些缺乏亲友支持或者不擅长处理压力的女性来讲，更为明显。

其实，很早就有研究人员发现，严重的性骚扰或持续时间较长的性骚扰，对受害者的心理伤害不亚于性侵。例如，许多受害者都曾报告，在性骚扰事件后，自己会有进食和睡眠方面的障碍，受辱的场景会不断在自己脑海中闪现，自己经常处于一种恐惧的、缺乏安全感的状态。

这些都是典型的创伤反应。它们都会严重影响受害者的工作和生活。更可怕的是，一旦性骚扰发生了，若没有被制止，受害者要一直遭受这样的折磨。

二、舆论伤害：来自社会层面的压力

与其他性侵害类似，在性骚扰事件公开后，受害人通常会成为人们茶余饭后八卦的对象。在人们的八卦中，受害者会被物化，会受到不公正、不友善的评价。例如，许多人会对受害人的所谓性魅力评头论足。而受害人一旦被评价为性魅力低，他的处境就会越加困难——“毕竟人家功成名就，怎么可能冒险去骚扰这种长相的女人”。有时候，社会舆论甚至会对受害者进行恶意诋毁。比如，类似“苍蝇不叮无缝的蛋”这样的受害者有罪论，在关于性骚扰事件的评价中比比皆是。

很多流言蜚语倾向于贬低受害者的能力。受害人常常会因为担心施害人而不敢反抗。有时，人们还会恶意揣测，也许是受害人主动的，这是受害者上位的手段。有时，即使受害人已经反抗甚至走了法律程序，也未必能在舆论中占上风，还常被人评价“不近人情，因为这样一件小事毁人前程”“因为未达到目的而反水”……

正是如此，本来就因性骚扰事件而背负巨大心理压力的受害人，不得不承受来自舆论的二次伤害。这些舆论，不可避免地会影响受害人的生活。

与此同时，受害人的亲密关系也会受到损害。在传统的观念中，受到骚扰的女性一般都会有不检点的行为，因此才会招致他人的不当行为。也正是出于这样的担心，许多处于亲密关系中的女性，不仅不能从伴侣那里得到安慰和帮助，反而可能因为担心伴侣的误解，选择忍气吞声。

面对性骚扰，我们能做什么

正如上面所讲，性骚扰可能对受害者的身心健康造成诸多不良影响。

无论如何，遭遇性骚扰之后，你仍然要从心理上做好自我支持工作。

1.不管别人说什么，受到性骚扰绝对不是你的错。

2.骚扰者没有任何理由去侵害他人。如果对方想与你发展亲密关系，也不应该以让人不舒服的方式开始。

3.你不是一个人，很多女性都遇到过性骚扰，她们和你有着同样的感受。

4.你要相信，再有地位的人也有自己的心理弱点，没有人能一手遮天。多数情况下，他们比你更害怕被曝光。

5.虽然这时向他人求助是一件困难的事情，但请一定要向你能够绝对信任的人寻求帮助。哪怕只是找人说说话，也非常有助于缓和负面情绪。

除去心理层面的自我支持，我们还可以采取一些能真正帮助我们的行动。

郑重表明自己的立场和可接受的界限

需要提醒的是，请一定要清楚地要求对方尊重自己、尊重他人；切勿为减少冲突，而让对方看起来你像是在开玩笑；可以尝试用“不，我不想回答”来替代“我不知道怎么回答”；当对方已经动手动脚时，明确的拒绝态度更是十分必要的，比如，可以坚定地和对方讲“不要碰我”“你的行为已经过界了！我如果留下证据，是可以报警的”“请你为你构成性骚扰的言行道歉”等。千万不要试图忍让与逃避，这样不但解决不了问题，施害者还可能会做出更严重的侵害行为。

收集证据，积极主动保护自己的合法权益

1.日常生活中要养成收集证据的意识。“骚扰”这一概念自出现伊始，就与司法维权有着密不可分的关联。根据《中华人民共和国妇女权益保障法》，受到性骚扰的女性有权向单位和有关机关投诉。如果握有强有力的证据，在维权过程中，无疑将占有更有力的位置。

2.聊天记录、音视频资料都是强有力的证据。在科技十分发达的今天，性骚扰的证据比之前更容易收集和保存。社交软件聊天记录、电子邮件以及音视频资料，都是有效且容易收集、整理以及保存的证据。如果遇到狡猾的侵害者，可以借助监控摄像头收集证据。

3.注意证据的整理和保存。切不可因为麻烦，而不整理证据。告知对方自己手中有确凿的证据，就足以给对方一定程度的震慑。

4.不要因害怕争端而放弃维权。如果事态发展到已经影响你的生活，那么不要因为对未知的恐惧而放弃维权。如果你手中有足够有力的证据，那么一定要让它发挥作用。如果你开始为自己的权利而斗争，你会发现这件事情并不可怕，反而会发现自己很强大。

5.正式维权前，整理一份有力的说明材料。在材料中，你要

写清整个事件的来龙去脉、你能提供的证据，并提出合理的诉求，而不是在说明材料中单纯地发泄情绪。如果有需要，你也可以寻求专业法律工作者的帮助。

向你的社会支持系统寻求帮助

1.向你信任的人求助。当你遭遇性骚扰的时候，可以和值得信赖的人讨论。社会支持系统并不是简单的社会关系网，而是个体能从中获得支持和帮助的关系集合。你的朋友、亲人和伴侣，甚至对你存有善意的陌生人，都可以给你提供支持。不要害怕向他们寻求帮助。

2.请求他人帮你厘清思路，做出应对决策。无论你决定通过什么方式维权，你都需要先厘清思路，保持理性的状态。如果你因为遭遇性骚扰而心烦意乱，不妨请你身边值得信任而又理性认真的人帮你厘清思路。

3.让爱修复你心中的创伤。性骚扰的影响从来不仅是现实层面的，而且是心理层面的。性骚扰会影响个体对自我的评价，受害人常常会因此自我怀疑。这时候，受害者更需要信任和爱护，从而走出自我怀疑的泥潭。不妨向自己的爱人寻求信任和关心。

寻求专业的心理帮助

亲友高质量的陪伴，是生活中最温暖和最治愈的良药。但有时，他们因为缺乏必要的相关知识，未必能真正有效地帮助心理压力极大、陷入抑郁情绪的受害者。而专业人士（如心理咨询师），可以陪伴受害者度过这段特殊的压力巨大的时光。

第 15 课

Lesson Fifteen

关于性侵的女性自救指南

本文作者：高洪尧　杨沛君　胡英哲／专业指导：徐凯文

性侵的社会现状

在人生的最后一年，遭受过性侵的林奕含出版了自己的处女作《房思琪的初恋乐园》。林奕含的遭遇又一次提醒我们，性侵就在我们身边。几乎所有女性都有被性侵的可能。

2017年，“Metoo”运动在很多国家和地区的社交媒体上广泛传播，旨在号召那些被性侵的女性为自己发声。

相关调查显示，在不计性骚扰的情况下，世界范围内有35%的女性会在一生中的某个时刻遭遇性侵。在一些国家，这一比例甚至高达70%。

性侵害是指加害者以威胁、权利、暴力、金钱、甜言蜜语、引诱等方式让他人与其发生性关系，或在性方面给受害人带来伤害的行为。这个定义中非常重要的一个要素是“未经本人同意”。关于这一点，很多人会有疑问，什么是“同意”呢？对此，我们强调以下几点：

1.对方没有明确拒绝不代表同意；

2.对方之前同意不代表现在同意；

3.与对方是情侣或夫妻关系，不代表对方一定同意发生性行为或与性相关的行为；

4.对方穿着性感、答应一起跳舞、有调情行为等都不意味着对方同意发生性行为或与性相关的行为；

5.对方若无法明确表达自己的意见，例如未成年人、智力障碍者等，不代表对方同意发生性行为或与性相关的行为；

6.对方暂时失去意识，如服用了药物、醉酒、熟睡等，不代表同意发生性行为或与性相关的行为。

一般来说，70%～80%的性侵发生于熟人之间。亲属、朋友、老师、约会对象、伴侣、前任、陌生人等都可能是性侵行为的实施者。

另外，说起性侵，我们的第一反应是女性被男性性侵。实际上，女性也有可能被女性性侵。

如何预防性侵

根据以往的调查研究，我们要重点防范具有以下特征的人：

1.过于自恋、做事情只考虑自己的需求和利益而不在意他人感受的人；

2.社交能力较差，严重压抑自我、封闭自我的人；

3.有“强暴迷思”，认为女性说“不要”实际上是“要”的人；

4.敌视女性的人，例如经常说一些侮辱女性的话的人；

5.存在“性压力”，没有正常的性生活的人。

当发现对方拥有以上任何一项特征时，我们就要留心和注意。但也要注意，千万不可随意给人贴上“潜在性侵犯罪者”的标签。

根据以往的调查研究，性侵的发生与两个因素关系密切——酒精（药物）与密闭空间。因此，我们可以从这两个方面着手，提前做好应对之策。

1.参加聚会时，尽量和多个朋友一起去、一起回。聚会期间可以和朋友讨论一下自己的行程安排，让朋友知道自己聚会结束时要去干什么。

2.与陌生人初次见面时，务必约在公共场所。

3.相信自己的直觉。当与人单独在一起时，若感到不对劲，务必选择离开，不要害怕伤害对方。

4.与家人或值得信任的朋友约定好，若你发出某个信号则代表自己处于危难中，需要救助。

5.参加聚会时，时刻关注自己喝了多少酒。调查表明，几乎一半的人都是在酩酊大醉中被性侵的。所以，尽量不要让自己在公共场所喝醉。

6.在公共场所，多留心自己的饮食，以防被他人下药。

7.独自一人在外行走时，多留意周围环境。

被性侵时是否要做出反抗

据相关研究，在被性侵的过程中，至少有88%的受害者会出现短暂麻痹。

与其他动物类似，人类在处于极度恐惧的状态时，如果无论逃跑还是反抗都无法确保自己的安全，那么人体就会自动开启第三种保护机制——僵硬。

这是一种特别正常的现象，请不要因为自己在这个过程中无法做出反抗而感到自责。身体变得僵硬后，受害者便没有力气推开实施性侵的人，甚至没有力气喊叫。

另外，被性侵时，如果有力气反抗，是否要做出反抗？

虽然被性侵时身体会出现僵硬的情况，但受害者还是可以告诉自己要保持冷静，并可适时做出反抗。根据相关研究，在大多数情况下，语言或身体上的反抗都不会明显增加受到额外伤害的风险，而是可以在一定程度上阻止性侵的实施与完成。面对反抗，那些实施性侵的人一般会倾向于选择停下来或者进行交涉，甚至直接跑开。

受害者可以通过语言（如大声说出自己的想法、坚定拒绝）、肢体行为（如推开对方、离开现场）来保护自己。

被性侵后应该怎么办

被性侵后，第一时间应该怎么办？若是非常不幸，遭遇了侵害，如下操作可能对你有所帮助。

1.去一个比较安全的地方，以保证自己的生命安全。

2.擦洗身体之前，尽量留下相关证据。如果想换衣服，请把换下的衣物保存好。

3.尽快到相关专业机构做伤情鉴定及证据取样。

4.如果皮肤、衣物、毛巾、床单、卫生纸、避孕套等上面有施害人留下的精液，尽可能保留。

5.查找视频监控记录，以作为证据。

6.如果施暴者是熟人，不要删除对方的联系方式及和对方的联系记录。

7.找值得信任的朋友商量对策，尽量不要找与施暴者有利害关系的人。

女性被性侵后，可能会出现以下这些症状。

1.经常不可抑制地回忆被性侵的经历。

2.尽可能回避与被性侵经历相关的刺激或信息。

3.变得十分消极，开始抑郁、焦虑，易受惊吓。

这些反应是人在受到创伤后的正常反应。人几乎在经历任何意外事件之后都会有上述反应。

被性侵后，如何抚平性侵所带来的心理创伤呢？有心理学家给出了如下一些建议。

1.从信任的家人、朋友那里获得支持。

2.勇于面对被性侵的事实并敢于表达自己的情绪。可以选择一个合适的时间、地点，向自己信任的人表述自己曾经遭遇的性侵经历。如果回避这件事，不敢回想、不敢谈论，则可能会使不好的情绪体验持续更长的时间。

3.可以通过冥想、瑜伽、运动、音乐缓解自己内心的压力。

4.尽可能保证科学的饮食和睡眠习惯，避免咖啡因、尼古丁。

5.多参与一些有创造性的活动，例如弹钢琴、画画、手工活动等。

6.学会让自己放松。可以在压力很大的时候，选择一个安静的地方，独自待一会儿。

7.尝试阅读。阅读可以让人感到放松。

8.拥抱你深深爱着的人，可以让自己感到放松，从而减少压力与痛苦。

9.时刻告诉自己，当下的自己是安全的。

应对性侵事件，无效的方法有尝试忘记它，不报警、不寻求他人的帮助，想一个人承受，试着告诉自己从来都没有发生过这件事……尽管这些办法会让我们感觉自己还好、对自己和眼前的情况有控制感，但这些方式不会绝对地让我们从被性侵的创伤中恢复过来，因为这件事毕竟真真实实地发生了。我们如果选择逃避，以后它还是会不定时地带给我们痛苦。

什么时候应该寻求心理咨询师的帮助

根据调查显示，大部分性侵受害者在家人、朋友的帮助下，都会自然恢复。但是，心理学专家认为，所有被性侵的女性都可以寻求专业人士的帮助，而且越早越好。这是因为在专业人士的帮助下，受害者可以更好、更快地从创伤中走出来，并且可以减少创伤给自己带来的危害影响程度与持续时间。特别是在出现以下情况时，要尽快寻求专业人士帮助。

1.亲友与朋友无法给到有效的支持与帮助，或者亲友与朋友对自己不理解，甚至贬低自己。

2.物质滥用，例如过度使用咖啡因、酒精等物质。

3.正常生活受到严重干扰。被性侵2周后，仍然无法正常地生活、学习、工作，那么就可能需要专业人士的帮助。

4.出现自杀想法与行为。

第16课

Lesson Sixteen

合理拒绝伴侣的性要求

本文作者：巍霓 / 专业指导：宋歌

你想过拒绝伴侣的性要求吗

如何拒绝伴侣的性要求？在正式讨论这个议题之前，我们先来看一些当事人的困惑。

案例A：“我怀孕4个月，平时都很小心，也会有意回避性生活。但我的先生总觉得我有些小题大做，每次被我拒绝后都很生气。我觉得他一点也不体贴我和孩子。最近，我们的关系也越来越不好。我不知道该怎么办。我应该为了缓和与老公的关系而接受性生活吗？毕竟，很多人都说怀孕三个月之后就没那么危险了。另外，很多男性会在妻子怀孕期间出轨。可是，我很担心宝宝。况且，我自己也不是很想……”

案例B：“我和先生已近中年。我平时比较忙，感觉每天都过得特别辛苦，下班回家后只想好好休息，有时候连饭都不太想吃，可先生对于性总是饶有兴致。有时候，我和他说我没心情，小心翼翼地和他商量改天再说。他总是很失望，甚至有点生气。久而久之，我为此背负了很大的心理压力。”

案例C：“男朋友性要求非常频繁。很多时候，我真的很不想，但是又不知道怎么拒绝，因此只能勉强接受。这种情况让我很痛苦。我本质上是拒绝的。我不知道该怎么办。”

当你的伴侣向你提性要求而你又不是很想的时候，你是否想过拒绝呢？你拒绝了吗？你是如何拒绝的？也许，很多时候是这样的，虽然你不愿意但仍然接受了性生活。另外，你和你的伴侣谈论过性生活吗？

如何判断自己是否愿意接受性要求

你是自愿的吗

不论何时何地，任何性要求都是要请求同意的，并且对性要求的同意是自愿的。只有在没有任何口头或肢体上的强力、威胁、胁迫、操作或恫吓的情况下，给出的同意才是真正的同意。反之，如果你是在被胁迫的情况下，违背自己心愿答应的性要求，就不是你真心愿意接受的性要求。

没有说“不”和“同意”之间的距离

仅仅没有说“不”，就是同意对方的性要求吗？并不是这样的。

你可以试着回忆一下，当你没有说“不”和你说“好”的时候，你的感受是否是一样的。也许，相比一段你没有说“不”的性关系，你愿意说“好”的性关系，才是你真正接受的。

你是否在有意识的情况下做出回应

双方都需要在充分了解情况且意识清醒的情况下，做出性关系决定。如果对方提出性关系要求时，你丧失了行动能力，或缺乏足以表达同意的清醒意识，就意味着此时不是你自愿接受性关系要求的时刻。

总而言之，那些违背你意愿、让你感受到胁迫，或未经你同意强行发生的性要求，都可以认定为不合理的、不愿意接受的性要求。

拒绝的背后是什么

有时候，对方提出的性要求表面上在双方看来都是合理的，但你可能仍然不愿意接受。这种“不愿意”实际上也有它的价值。

如果你曾经同意伴侣（或对方）的性要求，这并不意味着在当下和未来类似的情境中，你仍然会（要）同意。当你不想接受对方的性要求时，即使对方的要求是合理的，你仍有权利拒绝。

在伴侣（或对方）发起性要求的时候，你从内心里想要拒绝，这背后的原因非常值得探讨。

在探讨具体的原因之前，我们先来看看性社会化的概念和性别脚本理论。

性社会化是我们学习和内化性的概念、性的价值观、性态度和性行为的过程。这个过程从我们出生开始，一直持续到我们成年甚至老年。

心理学家威廉·西蒙和约翰·加恩提出“性别脚本理论”，以解释性社会化。

性别脚本理论为“什么是性”和“性是如何发生的”提供了蓝图。性别脚本理论告诉我们，我们的大脑对于性有自己的计划，比如：允许或不允许和谁发生性行为；怎样的性行为是合适的或不合适的；该在何时何地发生性行为；等等。

性别脚本包括文化脚本、内心脚本和人际脚本。文化脚本提供了社会期望的性行为应遵循的大致模式；内心脚本会帮我们处理引发、伴随或标志着性唤起的各种心理或生理状态；人际脚本包括伴侣可以开始性行为的不成文的约定（即信号）。

实际上，性生活能否顺利进行，受很多因素影响。

从生理角度来看，性生活可能受如下因素影响。

1.疲劳和压力。现代人的工作、生活节奏非常快，很可能因为应付日常生活而感到疲惫不堪。当我们带着这种疲惫进入卧室时，很可能表现为对性缺乏兴趣，甚至无动于衷。

“我今晚太累了，不想做爱。”这句话道出了当下很多人的真实感受。这不是对于感情的逃避。当这种情况发生时，你可能需要好好休息一下。

此外，长期的压力也可能使我们对性失去兴趣。忙于生计（特别是处于工作动荡期）、照顾孩子（尤其是繁忙崩溃的母亲）都会让我们失去对性的关注。

2.疾病或其他身体原因。患有妇科疾病、怀孕、处于生理期等都会影响女性对性的欲望与渴求。

从心理角度来看，性生活可能受如下因素影响。

1.错误的认知。关于性生活的错误认知可能带来不适的性体验，影响个体对性生活的期待，致使个体在面对性要求时会本能地拒绝。

2.性焦虑。有时候，对于性的过分焦虑也会影响性欲。例如，女性担心自己无法获得高潮，或是表现不好。有一种叫作“自我旁观”的现象，即每个人总是会习惯性地成为自身性表现的旁观者。当我们成为自身性活动的旁观者时，我们总是会习惯性地评估和判断自己的表现好不好甚至对不对。当我们一直处于评估和判断自我状态的时候，我们便无法让自己全身心地投入到当下的性生活中，更别说去探索与享受了，甚至可能想要回避。

3.急于取悦对方。有时候女性希望很快达到高潮以取悦对方，也会担心自己不具有性吸引力。假装高潮会让双方都误以为自己得到了满足。长期的“假装”很有可能会积累负面情绪，进而让我们对性行为产生抗拒和害怕。

4.过往的性创伤。过往经历的性创伤对人的伤害非常大，比如性骚扰、强奸等。性创伤会让人对性产生近乎本能的抗拒。即使面对自己喜欢的人，具有创伤经历的人可能也会有躲避的行为，即使理性上明知道不会有伤害。

5.早期经历与原生家庭带来的内心冲突。在原生家庭中，父母对性持有负面态度，对孩子的影响很大。从小被告知性是肮脏的、可耻的，那么孩子在成年后，往往也会对性持有负面态度。

6.关系中不满意的表达。很多自称关系很好的夫妻，其实压抑了很多重要的议题，对于很多议题没有真正去沟通过，或者不愿意直面。这个时候，他们可能就无法有非常频繁而紧密的性关系了。

社会文化也会对我们的性观念产生很多影响，有些我们可能都没有意识到。比如，女性不应该有那么强的性欲。在很多文化中，女性一旦表现出喜欢性，或者有丰富的性经验，就会被认为道德败坏。很多时候，女性内心深处也会这样贬低自己，即便她们不会说出来。

另外，当下的女性很容易有“身材是不是不够标准”“我是不是不够瘦”等焦虑心态。这会让很多女性不知所措、惶恐不安，甚至因此产生严重的进食障碍。

社会文化与个体经历，使得很多女性有了性体象焦虑。这是个体对自己身体形态发育的一种错误认知。每年有大量女性（当然也不乏男性）通过整容、抽脂、性器官整形来改变自己。这些无疑都说明，很多人对自己的身体很不自信、很焦虑、很担心。基于此，他们对性形成错误认知、对性生活产生错误认知也就不足为奇了。

你有权拒绝伴侣的性要求

也许，你可以从以下这些角度看待“拒绝伴侣的性要求”这件事。

你有说“不”的权利

哪怕在婚姻关系里，你也没有义务要为对方的性要求无条件买单。你不用为你的低欲望感到羞耻或抱歉，不用因此觉得这是不应该的；你更不必在劳累不堪的时候，应付伴侣的性要求。你需要照顾好你自己。

“拒绝性生活”也可以是改善关系的契机

我们对亲密关系的不满很可能反映在性生活的频率和表现中。关于性生活的冲突很可能是亲密关系出现矛盾的征兆。正如上文提到的那样，缺乏性生活可能是亲密关系出现问题的表现。

如果有一方多次拒绝性行为，很可能是亲密关系中存在一些没有解决的怨怼。

这时候，可以尝试先改善亲密关系，而不是着力于改善性的方式。

性是表达爱的方式，并非挽留对方的方式

“我实在很爱他。我以为通过性可以把他留在我身边。我甚至让他对我实施性虐待。我从来没有真正享受过性生活，对我而言，那是取悦男人的方式。”

这里我们要特别强调，性关系的满足，并不能保证长久美满的婚姻关系或伴侣关系，也不可能挽救一段关系。性不是婚姻关系或伴侣关系中唯一重要的因素，它只是基本要素之一。性只是表达爱的一种方式，不是挽留对方的方式。

不要等伴侣来主动解决问题

面对对方的性需求，你想回避、想拒绝甚至感到厌烦时，不妨主动把问题摆到台面上，让伴侣明白你是真诚地希望和他一起解决一些问题。僵持下去对改善关系没有任何帮助。

有时，无性婚姻也可以过得快乐

无性婚姻并不意味着这段婚姻一定不健康。

根据临床性治疗师朱迪斯·斯坦哈特的观点，只要双方都能接受，无性的关系也能维持。

“无性婚姻的问题不在于缺少性，而在于两人对性的需求不一致。”斯坦哈特说，“但是这需要双方开放地沟通，以确定双方真的可以接受无性婚姻。”

关于性这件事，你可以这样做

定期坦诚地与伴侣聊一聊性

如果你是因为不愉悦的性生活体验而不想拥有性生活，也许可以试着和你的伴侣就你们的性生活进行讨论，比如，什么时间和什么地方合适，彼此关于性生活的需要是怎样的，等等。

谈论性能提升双方的性满足。沟通的过程不要带着很多的假设与评判。这样的沟通会让伴侣关系更亲密。

在谈论性的时候，人们往往会变得十分脆弱，会对对方的反应、评价变得十分敏感。然而，正是由于这种相互暴露而产生的脆弱感，伴侣之间的关系才会更亲密。在一段互相信任的亲密关系中，脆弱感是很重要的一部分。

提前规划性生活

我们习惯规划自己什么时候上班、什么时候去健身、什么时候吃饭、什么时候去逛街等。实际上，我们也可以规划什么时候进行性生活。提前规划性生活，听起来或许不够浪漫，但这也许真的能提高性生活的质量，改善亲密关系。

在讨论、规划性爱时，尽可能详细地规划细节，而不仅是规划在什么时候、什么地点进行性生活。

寻找专业支持与帮助

当你和伴侣长时间无法拥有满意的性生活时，你可以选择寻求相关的专业支持与帮助。因性需求被拒绝，对方可能因此产生沮丧感与背叛感。有效且及时地共同应对问题，将有利于减少这样的事情给亲密关系的良好维系所带来的阻碍。

如何拒绝伴侣的性要求

如何拒绝对方不合理的性要求是一门艺术。

试想一下，你白天在单位被上级无缘无故地批评了一通，身心疲惫地回家后，只想好好地洗个澡，然后早点休息。在这样的情况下，你的另一半却向你发出性生活的信号。你将如何回应？冷淡地拒绝，纠缠一番然后半推半就地接受？还是有效地沟通并合理拒绝？

拒绝别人是一门艺术，拒绝伴侣的性要求同样也是一门艺术。

当你状态不佳时，你可以试着这样回应对方：

1.把自己的真实感受如实地告诉对方，让对方知道你不想进行性生活并不是因为对方不好，而是因为一些别的客观原因；

2.你们可以有一些肌肤上的接触，例如拥抱，以缓和当下的气氛；

3.共商一个你们都认可的好时机，让对方有一定的期待。

参考文献

第1课　职场性别歧视与应对策略

[1] 智联招聘. 2018中国女性职场现状调查报告[R].北京：智联招聘，2018.

[2] 李莹. 中国职场性别歧视调查[M].北京：中国社会科学出版社，2010.

[3] 张然然. 中国劳动力市场就业性别歧视问题研究[D].沈阳：辽宁大学，2017.

[4] 庄丽红. 职业隔离与城镇男女工资性别歧视的实证分析[D].杭州：浙江大学，2009.

[5] 李哲. 关于职场性别歧视，英文中又有了个说法叫hepeat[EB/OL]. 好奇心日报，（2017-10-25）. http://www.qdaily.com/articles/46298.html.

[6] 100offer.女程序员在互联网界是否遭受了性别歧视?[EB/OL]. 简书，(2017-12-3).https://www.jianshu.com/p/192d060e77b2.

[7] Kimberlee Leonard. The Effects of Gender Discrimination in the Workplace[EB/OL].CHRON，（2019-3-12）.https://smallbusiness.chron.com/effects-gender-discrimination-workplace-2860.html.

[8] Equal Rights Advocates. KNOW YOUR RIGHTS AT WORK：Gender Discrimination at Work[EB/OL]. Equal Rights Advocates，2021.https://www.equalrights.org/issue/economic-workplace-equality/discrimination-at-work/.

第2课　常见社会霸凌及自助指南

[1] 代同亮，雷星晖，陈骋. 职场霸凌对工作绩效的影响：谦卑领导和工作热情的作用[J]. 合肥：预测，2018（6）.

[2] 张春颜，何晓双. 校园霸凌事件中旁观者的行动逻辑及应对策略[J].北京：未来与发展，2019（5）.

[3] 中华人民共和国劳动法，2018修正.

[4] 教育部等九部门.教育部等九部门关于防治中小学生欺凌和暴力的指导意见[Z].教基一〔2016〕6号.

[5] Bauman S，Newman M L. Testing assumptions about cyberbullying: Perceived distress associated with acts of conventional and cyber bullying[J]. Psychology of Violence，2013，3(1):27.

[6] Chu X W，Fan C Y，Liu Q Q, Zhou Z K. Stability and change of bullying roles in the traditional and virtual contexts: A three-wave longitudinal study in Chinese early adolescents[J]. Journal of Youth and Adolescence，2018，47(11):2384–2400.

[7] Dooley J J，Gradinger P，Strohmeier D，Cross D，Spiel C. Cyber-victimisation: the association between help-seeking behaviours and self-reported emotional symptoms in Australia and Austria[J]. Journal of Psychologists and Counsellors in Schools，2010，20(2)：194–209.

[8] Gruber J E，Fineran S. The impact of bullying and sexual harassment on middle and high school girls[J]. Violence Against Women，2007，13(6)：627–643.

[9] Murray Harvey R，Skrzypiec G，Slee P T. Effective and ineffective coping with bullying strategies as assessed by informed

professionals and their use by victimised students[J]. Journal of Psychologists and Counsellors in Schools，2012，22(1)：122–138.

[10] Ozden M S，Icellioglu S .The perception of cyberbullying and cyber-victimization by university students in terms of their personality factors[J].Procedia: Social and Behavioral Sciences，2014，116：4379–4383.

[11] Palladino B E，Nocentini A，Menesini E .Online and offline peer led models against bullying and cyberbullying[J].Psicothema，2012，24(4)：634–639.

[12] Skrzypiec G，Slee P，Murray-Harvey R，Pereira B .School bullying by one or more ways: Does it matter and how do students cope? [J].School Psychology International，2011，32(3):288–311.

[13] Smith P K，Mahdavi J，Carvalho M，Fisher S，Russell S，Tippett N .Cy434berbullying: its nature and impact in secondary school pupils[J].Journal of Child Psychology and Psychiatry，2008，49：376–385.

[14] Zhou Z，Tang H，Tian Y，Wei H，Zhang F，Morrison CM .Cyberbullying and its risk factors among Chinese high school students[J]. School Psychology International，2013，34(6):630–647.

[15] Zsila Á，Urbán R，Demetrovics Z .Gender, rumination, and awareness of the perpetrator’s identity as predictors of help-seeking among cyberbullying victims[J].International Journal of Mental Health and Addiction，2019，17(4):947–958.

第3课　不要在亲密关系中过度讨好对方

[1] Arland，Thornton，Linda，Young-DeMarco .Four decades of trends in attitudes toward family issues in the united states: the 1960s through the 1990s [J]. Journal of Marriage and Family，2004.

[2] Sprecher S，Felmlee D .The balance of power in romantic heterosexual couples over time from “his” and “her” perspectives [J] .Sex Roles，1997，37(5–6)：361–379.

[3] 布莱克. 取悦症：不懂拒绝的老好人[M]. 北京：机械工业出版社，2015.

[4] 米勒. 亲密关系[M]. 北京：人民邮电出版社，2015.

第4课　防范PUA，远离精神控制

[1] 腾讯新闻. 和陌生人说话0202：猎艳者[OL]. 腾讯视频（2018-9-11）.https://v.qq.com/x/cover/eq3ur3zqh82ofq3.html.

[2] 周冲. 不良PUA 到底有多恶心？万字长文，深度揭秘这个残酷组织.（公众号）周冲的影像声色（2018-10-13）.

[3]杨晶茹. 不良PUA群体在社交网络中的印象管理：基于超人际模型的分析[J]. 北京：硅谷，2019（005）004：134-135.

[4] 麦肯锡. 如何不喜欢一个人[M]. 北京：北京联合出版公司，2017.

第5课　科学应对意外怀孕

[1] American Pregnancy Association. Teen Pregnancy Issues and Challenges[EB/OL].（2017-8-25）.https://americanpregnancy.org/unplanned-pregnancy/teen-pregnancy-issues-challenges/

[2] American Pregnancy Association . Teenage Pregnancy[EB/OL].（2017–9–7）. https://americanpregnancy.org/unplanned-pregnancy/teenage-pregnancy/.

[3] 罗照春. 让人心痛的“城市病”：少女意外妊娠[J]. 郑州：家庭医学，2007（11）：4–5.

[4] 董容男. 未成年少女意外怀孕终止妊娠的心理护理干预及体会[J/OL]. 北京：世界最新医学信息文摘，2015（67）：206.

第6课　女性遭遇冷暴力如何自救

[1] 中华人民共和国反家庭暴力法，2015.

[2] 伊里戈扬. 冷暴力[M]. 江西：江西人民出版社，2017.

[3] 夏皮罗. 让往事随风而逝：找回平静、自信和安全感的心灵创伤疗愈术[M]. 北京：机械工业出版社，2014.

[4] 赫尔曼. 创伤与复原[M]. 北京：机械工业出版社，2015.

[5] McLaren H. Domestic Violene in Chinese Families: Cold Violence by Men Towards Women[J]. The Journal of International Women’s Studies，2016，17（4）:1–15.

第7课　女性遭遇家暴自救指南

[1] 中华人民共和国反家庭暴力法，2015.

[2] 中国司法大数据研究院. 司法大数据专题报告之离婚纠纷[R]. 北京：中国司法大数据研究院，2018.

[3] 崔轶，洪炜，苏英，刘晓柳. 七省市家庭暴力现状调查及影响因素报告[J]. 长沙：中国临床心理学杂志，2012（3）：360–362.

[4] 范德章. 妇女遭受家庭暴力的现状、成因和对策[J]. 周口：

周口师范学院学报，2005，22(4)：62–64．

[5] 赵幸福，张亚林，李龙飞，周云飞，李鹤展．家庭暴力施暴者的心理健康状况[J]. 唐山：中国健康心理学杂志，2007，15(11)：1034-1035．

[6] 蒋一聪. 家庭妇女隐忍家暴的心理分析[J]. 昆明：法制与社会，2016（27）：163–164.

[7] 魏运华. 自尊的结构模型及儿童自尊量表的编制[J]. 北京：心理发展与教育，1997（3）:31–38.

[8] 卢森堡. 非暴力沟通[M]. 北京：华夏出版社，2009.

[9]Barnett O W，Lee C Y，T helen R E. Gender differences in attributions of selfdefense and control in interpartner aggression[J]. Violence Against Women，1997，3（5）: 462–481.

[10] 王翠玲，王怡，孟梅，李献云，费立鹏. 家庭暴力受害来电者自杀危险特征及热线干预方式[J]. 唐山：中国健康心理学杂志，2009（10）：1266–1269.

[11] 陈友华，佴莉. 家庭暴力：社会工作干预与社会思考[J]. 扬州：扬州大学学报（人文社会科学版），2018, 22(5)：14–22.

[12] 张素娴. 家暴受害女性心理问题及其干预研究述评[J]. 长沙：湖南警察学院学报. 2014，26(4)，44–48.

[13]O'Leary K D，Woodin E M. Psychological and physical aggression in couples: Causes and interventions[M]. American Psychological Association，2009.

[14] 柴静. 看见[M]. 桂林：广西师范大学出版社，2013.

第8课　安全分手，避免意外伤害

[1] 搜狐四象工作室. 101起分手引发的刑事案 前任的报复到底多狠[OL].（2017-8-25）. https://www.sohu.com/a/167241657_157078

[2] Zeki S，Romaya J P. Neural correlates of hate[J]. PloS one，2008，3（10）：e3556.

第9课　产后抑郁轻松自助指南

[1] Deng A W，Xiong R B，Jiang T T，Luo Y P，Chen W Z. Prevalence and risk factors of postpartum depression in a population-based sample of women in Tangxia Community, Guangzhou[J]. Asian Pacific Journal of Tropical Medicine，2014（3）：244–249.

[2] Eastwood J G，Jalaludin B B，Kemp L A，Phung H N，Barnett B E. Relationship of postnatal depressive symptoms to infant temperament, maternal expectations, social support and other potential risk factors: fndings from a large Australian cross-sectional study[J]. BMC pregnancy and childbirth，2012，12(1)：148.

[3] Norhayati M N，Hazlina N N，Asrenee A R，Emilin W W. Magnitude and risk factors for postpartum symptoms: a literature review[J]. Journal of a　ective Disorders, 2015，175：34–52.

[4] 丁辉，陈林，邸晓兰. 产后抑郁障碍防治指南的专家共识（基于产科和社区医生）[J]. 北京：中国妇产科临床杂志，2014（6）：572–576.

[5] 胡海萍，吴志国，吴荣琴，张少觐. 上海市闸北区孕产妇焦虑、抑郁症状发生率及相关因素[J]. 长沙：中国临床心理学杂志，

2014，22(1)：110–114.

第10课　被出轨后，女性如何应对

[1] 约瑟夫. 杀不死我的必使我强大：创伤后成长心理学[M]. 北京：北京联合出版公司，2016.

[2] Duncombe J，Harrison K，Allan G，Marsden D. The State of Affairs: Explorations in Infidelity and Commitment[M]. Taylor & Francis，2014.

[3]Schneider J P，Irons R R，Corley M D. Disclosure of Extramarital Sexual Activities by Sexually Exploitative Professionals and Other Persons With Addictive or Compulsive Sexual Disorders[M]. Taylor & Francis，1999.

[4]事实说. 2016年中国人出轨态度调查报告[R/OL].腾讯新闻.（2016–8–15）.https://news.qq.com/cross/20160815/U6RV5t07.html.

第11课　安全离婚，远离风险隐患

[1] 费希尔，艾伯蒂. 分手后，成为更好的自己[M]. 成都：四川人民出版社，2018.

[2] 戈特曼，西尔弗. 幸福的婚姻：男人与女人的长期相处之道[M]. 杭州：浙江人民工业出版社，2014.

[3] 吴杰臻. 好的婚姻，要守护财产和爱：人人都需要的婚姻安全必修课[M]. 北京：北京联合出版公司，2019.

[4] Burns D D. 抑郁情绪调节手册：十天改善你的自尊[M]. 北京：中国轻工业出版社，2006.

[5] 马西，塞恩伯格. 情感依附：为何家会影响我的一生[M]. 北京：世界图书出版公司，2013.

第12课　女性如何应对跟踪骚扰

[1] National Center for Victims of Crime. Stalking Victimization [R/OL]. Office for Victims of Crime，2002.

[2] Matthew J，Breiding et al., Prevalence and Characteristics of Sexual Violence, Stalking, and Intimate Partner Violence Victimization – National Intimate Partner and Sexual Violence Survey, United States,2011[J]. Centers for Disease Control and Prevention Morbidity and Mortality Weekly Report，2014，63（8）: 7.

[3] 巴托尔 C R，巴托尔 A M. Ba. 犯罪心理学（第 11 版）[M]. 北京：中国轻工业出版社，2019.

[4] Sheridan L，Blaauw E，Davies G. Stalking[J]. Trauma, violence & abuse，2003，4（2）： 148–162.

第13课　面对敏感拍摄，女性如何保护自己

[1] 谭利娅. 澳大利亚打击“情色报复”现象 将开通网站协助受害者[OL].环球网（2017-10-18）.https://world.huanqiu.com/article/9CaKrnK5xu0.

[2] 梁冠琼. 怎样找到靠谱的心理咨询服务?.（公众号）大儒心理咨询.（2019–9–19）.

第14课　性骚扰的防范和自救指南

[1] Mackinnon C A. Sexual Harassment of Working Women: a

Case of Sex Discrimination[M]. Yale University Press，1979.

[2] Harnois C E，Bastos J L. Discrimination, Harassment, and Gendered Health Inequalities: Do Perceptions of Workplace Mistreatment Contribute to the Gender Gap in Self-reported Health? [J]. Journal of Health and Social Behavior，2018，59 (1): 283–299.

[3] Reporting of violence against women in University. [Social Impact]. VGU. Gender-based Violence in Spanish Universities (2006-2008). SIOR, Social Impact Open Repository.

[4] European Union Agency for Fundamental Rights. Violence against women : an EU-wide survey[R/OL]. Main results report，2014.

[5]Langelan M. Back Off: How to Confront and Stop Sexual Harassment and Harassers[M]. Fireside，1993.

[6] 骆倩雯. 性骚扰影响40%职场女性，多数选择隐忍或离职[N].北京：北京日报，2011–5–3.

[7] McClurg L，JIDUDU. 性侵犯事件过后，忘掉就好？身体做不到[OL]. 果壳网. （2018–3–6）. https://www.guokr.com/article/442722/.

第15课　关于性侵的女性自救指南

[1] Bart P B，O'Brien P H. Stopping rape: Effective avoidance strategies[J]. Signs: Journal of Women in Culture and Society，1984，10(1)：83–101.

[2] Counseling & Health Promotion & CSB Health Services. Sexual Assault Survivor's Guide[OL]. https://www.csbsju.edu/chp/sexual-assault-survivors-guide.

[3] Department of Justice. Sexual Assault[OL]. https://www.justice.gov/ovw/sexual-assault.

[4] Barbash E. Overcoming Sexual Assault: Symptoms & Recovery [J/OL]. Psychology Today, 2017. https://www.psychologytoday.com/us/blog/trauma-and-hope/201704/overcoming-sexual-assault-symptoms-recovery.

[5] Heidt J M, Marx B P, Forsyth J P. Tonic immobility and childhood sexual abuse: a preliminary report evaluating the sequela of rapeinduced paralysis[J]. Behaviour Research and Therapy, 2005, 43(9): 1157–1171.

[6] Lonsway K A, Fitzgerald L F. Rape myths[J]. Psychology of Women Quarterly, 2006, 18 (2) : 133–164.

[7] Barone, Wolgemuth, Linder.Preventing Sexual Assault Through Engaging College Men[J]. Journal of College Student Development , 48:5

[8] Carter II. Rape, Abuse and Incest National Network[J]. Policing An International Journal of Police Strategies and Management, 2014, 37(2).

[9] Smith S G, Chen J, Basile K C, Gilbert L K, Merrick M T, Patel N, et al. The National Intimate Partner and Sexual Violence Survey: 2010-2012, State Report[R].National Center for Injury Prevention and Control, Centers for Disease Control and Prevention, 2017.

[10] Tark J, Kleck G. Resisting rape: The effects of victim selfprotection on rape completion and injury[J]. Violence Against Women, 2014, 20(3): 270–292.

[11] World Health Organization, Department of Reproductive Health and Research, London School of Hygiene and Tropical Medicine, South African Medical Research Council. Global and regional estimates of violence against women: prevalence and health effects of intimate partner violence and non-partner sexual violence[R]，2013：2.

第16课　合理拒绝伴侣的性要求

[1] The Austin Institute for the Study of Family and Culture. The relationship in America [R/OL]，2014.Relationshipsinamerica.com.

[2] Bogaert A F. Asexuality: Prevalence and Associated Factors in a National Probability Sample[J]. Journal of Sex Research，2004，41(3)：279–287.

[3] Carrigan M. There's more to life than sex? Difference and commonality within the asexual community[J]. Sexualities，2011，14（4）：462–478.

[4] Mauer E D. The Big No: The truthabout sexless marriage[J]. Today，2009.

[5] 雅博，萨亚德，斯特朗，德沃尔特. 认识性学[M].北京：世界图书出版公司，2012.

[6] 埃什尔曼，布拉克罗夫特. 心理学：关于家庭（第12版）[M].上海：上海人民出版社，2012.

[7] 黄盈盈，宋琳. 大学校园里的性变迁与性政治[J].北京：中国青年研究，2019（4）：5–12.

[8] 火花Feufleur小组.面对性暴力，我们可以做什么？《性暴力索引》手册中文版.（公众号）火花Feufleur.（2020-4-26）.